U0029549

野人

學生作文我不怕！

100分必讀．Q版神攻略

No.1學霸李小白嗆辣指導，高斯&英格力終於開竅了

學習類童書暢銷作家
樂多多 ㊕著

誰叫你不仔細觀察？
高斯的作文竟然得了個「大鴨蛋」！更令他傷心的是，李小白還教訓他：「活該，誰叫你不認真觀察了！」看來寫作文之前，觀察真重要呀，這次高斯可得記住了！
KING
為什麼0分的總是我？

高斯在作文中寫道，自己把一隻可愛的小狗狗給踢傷了，結果遭到同學的鄙視。但是，只有他自己知道，他這樣對待小狗是有原因的，唉，誰叫他不在作文中把事情的前因後果寫清楚呢！

獎狀
光榮榜
高斯已經是一個合格的「催眠師」了，他的作文竟然讓全班同學和老師都睡著了。高斯呀高斯，你的作文中就不能用一些美言佳句嗎？至少這樣大家聽你的作文時就不會呼呼大睡了。

前言 快樂學習，從掌握學習訣竅開始！

甲乙兩個年輕人都想拜大師為師，大師把他們帶到一條很寬很寬的大河前，說：「誰能最快到達對岸，我就收誰為徒。」兩人一聽都很興奮，甲「撲通」一聲跳入了河中，想憑藉還不錯的游泳技巧游到對岸；而乙卻找附近的漁民借來了一艘電動小船。

結果，乙輕鬆而快速地到達了對岸，而甲卻因為體力不支吃了好幾口河水，從此見到水就害怕。

小朋友們，甲乙兩人，你更認同誰的做法呢？

相信聰明的小朋友都會選擇乙吧。不僅是過河，做任何事情，只有找到了訣竅，才能事半功倍。

學習更是如此。同一個班的同學，同樣是聽同一個老師講課，有的小朋友成績很棒，而有的卻成績平平，這是為什麼？有的小朋友覺得自己已經很努力學習了，但成績卻總是不見提升，這是為什麼？

原因只有一個——沒有找到學習的訣竅。學習訣竅就像是一把有魔力的鑰匙，找到了它，學習就會變得輕鬆而有趣；反之，一味死學，你會學得痛苦而吃力。

現在，多多老師告訴你一個小祕密，**你手中的這本書就是一本神奇的Q版神攻略。**它有超強的魔力，不僅會告訴你學習該怎麼學，具體的關鍵點該怎麼掌握，而且還為你整理了一套考高分的方法喔！例如——

人物描寫作文，不同人物總寫得千篇一律怎麼辦？別擔心，這本貼心的Q版神攻略會一步一步教你找人物的特色，帶你把人物寫得栩栩如生。

記述敘事作文總是得不了高分怎麼辦？不用煩惱，這本神攻略為你準備了許多簡單又實用的寫作技巧。

遇到寫景作文就頭痛怎麼辦？別怕，這本有「預知能力」的神攻略早已為你想好了對策。

過不了多久，你就會發現：本書像一位話不多但很有耐心的老師，默默地在你身旁為你歸納方法、總結訣竅；也像是好朋友，一直在耳邊提醒你，要認真、有技巧地學習。有這樣的「良師益友」為你的小學生涯指引方向，你還擔心不知道如何學習、成績無法進步嗎？

這樣的「良師益友」，任何一名小學生都值得擁有！

樂多多

高斯

班上最厲害的「玩家」，如果你想不重複花樣地玩上三天三夜，找他準沒錯。但他的學習成績卻是確確實實拿不上檯面，也就比倒數第一名多那麼一點點的分數吧。據說，坐同桌的李小白決定要向他傳授「學習訣竅」，但臭屁又愛面子的高斯會接受人家的這番好意嗎？

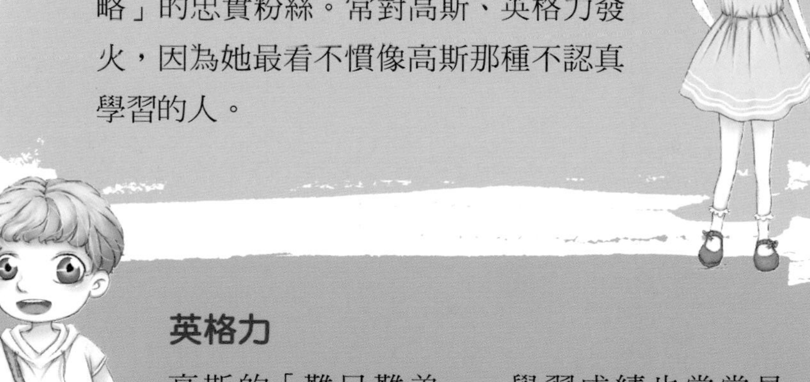

李小白

學習成績 NO.1 的小學霸，「Q 版神攻略」的忠實粉絲。常對高斯、英格力發火，因為她最看不慣像高斯那種不認真學習的人。

英格力

高斯的「難兄難弟」，學習成績也常常是 NO.1，不過是倒數的。最害怕老爸的「竹筍炒肉絲」，但這已成為他每次考試之後的家常便飯。最近他的成績有所長進，聽說是李小白向他大方傳授「學習訣竅」了。

目錄

〔前言〕快樂學習，從掌握學習訣竅開始！ 5
〔人物介紹〕高斯、李小白、英格力 7

第1章
人物描寫篇
教你把人物寫得活靈活現

Q版漫畫學妙招　將人物刻劃得維妙維肖的訣竅 14
招式1　「總—分—總」觀察法——細心觀察，寫作時就不怕腦袋空白 17
招式2　從相貌特徵切入——像電影一樣給人物特寫鏡頭 24
招式3　透過事件凸顯性格——舉一個好例子，勝過千言萬語 31
招式4　確立一位中心人物——故事要有主角帶領才會精采 38

招式5 以貌取人——藉由外在形象展現人物性格 45
招式6 對話升級法——除了寫對白，更要寫出表情和語氣 53
招式7 人物特質歸納法——緊扣主要特色舉例，精準不離題 60
招式8 前後一致評價法——好要好到底，不能前後矛盾 66
招式9 眼睛「會說話」——利用眼神展現人物內心世界 72
招式10 個性藏在動作裡——像慢動作鏡頭細寫行為細節 79
招式11 用景物折射內心世界——不能說的祕密就讓景物幫你說 89
招式12 笑法千百種——利用不同的「笑」表現人物特色 96
招式13 哭法大不同——利用相異的「哭」展現人物特色 104

記事敘述篇

教你把一件事說得動聽不離題

Q版漫畫學妙招　敘事引人入勝的關鍵　112

重點1　情節敘述要合理——真實的人物和情節才能打動人心　114

重點2　敘事要詳略得當——重要的詳細寫，次要的大略交代　122

重點3　選擇有意義的書寫題材——讓文章為讀者帶來成長與感動　131

重點4　開頭先交代事情起因——簡要帶過就能避免讀者困惑　139

重點5　結尾表達出觀點和態度——評價式與前瞻式寫法　147

重點6　準確提煉寫作主題——篇名、開頭、結尾相互呼應　154

重點7　真人真事最能打動人心——抒情不虛情假意，寫出平凡細節　162

重點8　用倒敘法讓讀者快速上鉤——設置懸念、點出主題、預告結局　170

景物描寫篇

教你把景物描摹得令人身歷其境

Q版漫畫學妙招　將景物描繪得鮮活生動的技巧　178

招式1　虛景聯想法——虛實相間，寫景更有深度　181

招式2　特色細描法——具體描寫景物特徵，讓人身歷其境　188

招式3　空間順序觀察法——依遠近、上下順序梳理層次　195

招式4　動態表現法——善用擬人、擬物手法，以動寫靜　203

招式5　修辭提味法——運用誇飾、譬喻修辭，提升作文魅力　210

招式6　精準譬喻法——比喻除了「形似」更要「神似」　218

招式7　單點聚焦法——不必面面俱到，只求把一處景色寫好　225

加分技法篇
加進巧思讓你的作文與眾不同

Q版漫畫學妙招 4招讓你的作文脫穎而出 234
技巧1 開頭設置懸念——引誘讀者忍不住想看下去 237
技巧2 欲褒先貶——製造反差，使主題更鮮明 245
技巧3 進入人物內心——用人物的情緒和想法感動讀者 251
技巧4 加入風趣幽默的敘述——讓筆下人物變得活潑可愛 258
技巧5 自己改出好作文——寫完重新檢查一遍，為自己加分 264
技巧6 擬定新穎別致的篇名——好篇名讓你贏在起跑點 272
延伸閱讀：一起來觀摩精采好句 278
〔附錄〕試題解答 282

教你把人物寫得活靈活現

Q版漫畫學妙招

將人物刻劃得維妙維肖的訣竅

臉上有皺紋

嘴角上有小痘痘

找出人物特點

每個人身上都有自己的特點，例如：有的人很瘦，有的人很胖；有的人臉上有痘痘，而有的臉蛋則滑嫩得像煮熟的雞蛋；有的人很年輕，而有的人臉上則布滿了皺紋……只有把這些人物的特點描寫出來，我們筆下的人物才會栩栩如生。

胖

用具體事件凸顯性格

單純地用文字描述一個人「善良、有愛心」，不如用一件具體的事情來表現。例如，寫出李小白幫助小朋友過馬路的事情，就能很生動地突出她善良、有愛心的性格。

寫出說話時的神態、語氣

描寫人物時，一定要寫出人物說話時的神態和語氣，這樣才能讓人物的性格更加鮮明。例如，一個經常微笑的媽媽，一定是個溫柔的媽媽；而一個動不動就怒氣沖天的媽媽，一定是脾氣暴躁的媽媽。

誰叫你不仔細觀察？
為什麼0分的總是我？

當然漂亮了！她的小臉胖嘟嘟的，很光、很滑，讓人忍不住想去親一下。她的一雙大眼睛烏黑烏黑的，就像兩顆滴溜溜轉的黑葡萄，還有那張總是嘟嘟撅著的小嘴巴，像是在向我們撒嬌呢！真是又漂亮、又可愛！

其實，除了漂亮和可愛之外，我還發現了這位「小公主」的一個小祕密，她的右手跟我們不一樣，在大拇指旁冒出來一個小指頭。我想，她之前一定是個可愛的小天使，這是上天在她身上做的獨特記號呢！

小朋友，你覺得李小白的這篇作文寫得怎麼樣？

此時，你一定正在羨慕而感慨地想：「她是如何寫出這麼出色的作文呢？」

其實，她的作文寫得好，是有祕訣的——

當老師請李小白分享經驗時，她這麼說道：「在描寫人物時，我最大的祕訣就是——仔細觀察。只有把人物的穿著、長相等各個細節都好好觀察，才有話可寫，才能寫出獨特的內容來。」

Tip 觀察人物的兩個祕訣

李小白分享的祕訣特別有道理！你知道如何細緻地觀察一個人嗎？

(1) 按「總—分—總」的順序來觀察

第一個「總」，是指當我們看到一個人時，對他產生的大概印象。例如，李小白的作文中的第一句話：今天我們班來了一位非常可愛的「客人」，一個五歲左右的小女孩。這就是第一個「總」。

所謂「分」，就是指依次觀察她的穿著、相貌、特質等。

最後一個「總」，就是觀察完以上細節之後，再對這個人進行整體的評價，例如：「她真是個既漂亮又可愛的小女孩。」

總：一個 5 歲左右的小女孩。

分：相貌？穿著？特點？

總：她既漂亮又可愛。

(2) 觀察一定要認真、細緻

高斯和李小白都是第一次見那個小女孩，為什麼李小白能看到她右手有六根手指頭，而高斯卻沒發現呢？最根本的原因就是高斯沒有認真觀察。

當然，我們不能僅僅為了寫作文才去認真觀察某個人。在日常生活中，不管觀察誰，我們都要認真、仔細。例如，某某今天戴了一個新的髮飾，某某的臉上冒出了一顆小痘痘……千萬不要覺得這種觀察沒有必要。平時養成了愛觀察的好習慣，也是在為我們寫作文累積素材。這樣，不管是寫誰，我們都不會像高斯一樣，出現無話可寫的情況了。

多多老師考考你

親愛的小朋友，在你的身邊肯定有許多好朋友，請你選擇一位最熟悉的好夥伴，把他（她）的外貌描繪出來，講給你的爸爸媽媽聽吧！如果爸爸媽媽能猜出他（她）是誰，那你的描繪就成功啦！

＊提示：可以按照「總—分—總」的順序來描繪。

從相貌特徵切入

像電影一樣給人物特寫鏡頭

爆炸性新聞　他們的爸爸一模一樣？

「號外、號外！聳人聽聞的爆炸性新消息！」一大清早，班上的「大喇叭」李悅就踩在椅子上，扯著脖子散布他不知從哪裡得來的小道消息。

一聽有爆炸性新聞，同學們的好奇心一下就被勾起來了，幾十雙眼睛飽含著渴望和熱情，瞬間都落在李悅身上。

見效果達到了，李悅神祕兮兮地說：「據我分析，高斯和英格力是失散已久的親兄弟啊！」

啊？同學們被這個爆炸性新聞給「炸」到了，都不可思議地張大嘴巴，三三兩兩地議論著。

但就在這時，人群中傳來一個質疑的聲音：「大喇叭，你的消息可不可靠啊？如果是兄弟，為什麼他們兩個長得一點都不像呢？」

面對質疑，只見李悅從容一笑，揮了揮手中的兩本簿子說道：「就知道你們不信，所以，我早就把『證據』準備好了！」

同學們湊近一看，那是高斯的作文簿。前兩天徐老師讓大家寫一篇作文〈我的爸爸〉，今天作文簿剛發下來。

「還是讓我親自給大家朗讀『證據』吧！」說著，他也不管大家同不同意，便高聲讀起高斯的作文來：

我的爸爸相貌平平。粗眉毛，大眼睛，高鼻梁，國字臉，皮膚黑黑的。身材不胖也不瘦，個子不高也不矮，力氣不大也不小，但是每次揍我的時候都很用力！

接著，他又讀起了英格力的作文：

我的爸爸長得很一般。眉毛粗粗的，眼睛大大的，鼻梁高高的，還有一張盤子般的大臉。他的皮膚有點黑，身材不胖不瘦，個子不高不矮。我的爸爸很愛生氣，時不時就要揍我一頓！

聽完兩個人的作文，同學們都哈哈大笑起來，有人笑得差點就要在地上打滾了！幸虧高斯和英格力此刻沒在教室，否則面對同學的嘲笑，他們一定會跟大家「拚命」！但照兩人作文中的描述，他們爸爸真的是同一個人呀！難道他們倆真的是親兄弟？

正當同學們聚精會神地猜測著，徐老師不知何時走進了教室，她的一句話打破了同學們的所有猜想：「我可以作證，高斯和英格力的爸爸根本不是同一個人，高斯的爸爸是位大學教授，英格力的爸爸是位商務人士，兩人完全是不同氣質類型的爸爸嘛！」

可是，高斯和英格力描寫的爸爸為什麼像同一個人呢？同學們更加迷惑了。

多多老師分析
針對人物特徵重點刻劃

同學們，你們知道高斯和英格力描寫的爸爸為什麼像同一個人嗎？讓多多老師來告訴你吧，這是因為他們描寫人物的方法出錯了——他們沒有抓住人物的外貌特徵來描寫。

其實，很多同學在描寫人物時都曾犯過類似的錯誤，那就是只泛泛地描寫一個人，結果把所有的人都寫成了同一個人。

例如：寫到小女孩就是「眼睛大大的、說話聲音甜甜的，頭上紮著麻花辮，身上穿著公主裙」，而寫到媽媽就是「一頭波浪卷髮，穿著高跟鞋，身上香香的」；寫到爸爸就像高斯他們寫的那樣——「濃眉、大眼、高鼻梁」。

這樣的作文寫出來，寫的不是某個特定的「爸爸」或「媽媽」，而是一大群複製出來的「爸爸」和「媽媽」。就像高斯和英格力，把各自的爸爸寫成了同一個人，結果鬧出了笑話。

那麼，我們怎麼描寫，才能寫出具體、真實、栩栩如生的人物來呢？

多多老師告訴你一個小技巧，那就是——**抓住人物外貌的特徵，進行重點描寫**。比如，像李小白筆下的這個描寫外貌的片段，就很好地抓住了「李爸爸」的特質：

我的爸爸

我的爸爸今年三十七歲了，可是人們都說，他長得像二十七歲的年輕人！為什麼這麼說呢？

因為爸爸很「愛漂亮」，短短的頭髮，總是修剪得整整齊齊的，一根根精神抖擻地直立著。臉上也總是乾乾淨淨的，從來不留鬍子碴。爸爸總是喜歡穿白襯衫、牛仔褲，遠遠看去，就像一個高中大哥哥一樣。

為了「裝酷」，爸爸還經常戴著墨鏡，看上去總是一副很神氣的樣子！但是，了解爸爸的人都知道，因為很愛笑，他的眼角都有細細的皺紋了，但爸爸還經常臭美地對我說：「寶貝，你不懂，這可是歲月的痕跡！」怎麼樣，我的爸爸是不是又「拉風」又可愛？

讀了李小白的作文之後，你是不是很羨慕李小白有一個這麼拉風又帥氣的爸爸呢？當然，你更應該羨慕李小白的寫作技巧，你看，她把爸爸描寫得多立體、多生動，就好像此刻就站在我們眼前一樣！那麼，李小白究竟有什麼樣的祕訣，能寫出這麼好的文章來呢？

還是讓李小白親口告訴你們吧：

「其實，我沒有什麼好的祕訣，只是把爸爸的特質寫出來而已。像爸爸喜歡穿的衣服啊、喜歡戴的墨鏡啊，還有他的長相等等，這些都是他與別人的爸爸不一樣的地方。我覺得，人物描寫作文，就要寫出這個人自己的特質，這樣寫出的人物才會讓人過目不忘。」

Tip

如何寫出人物的相貌特徵？

描寫人物時，應該從哪些方面入手，才能抓住人物的外貌特徵呢？這個問題，就讓多多老師來幫你解答吧！

(1) 將人物的其中一個小特點擴大、寫出細節

就像是電影裡的特寫鏡頭一樣：在凸顯一個壞人的形象時，會把他奸詐的笑容放大，讓大家一看就知道這是個大壞蛋。那麼，同學們在寫作文的時候，也可以把某個人的小特點放大，刻劃得細緻一點，這樣他的外貌特點就會讓人印象深刻了。

例如：寫小女孩的時候，可以重點放大她的小臉蛋——「臉蛋嫩嫩的，就像一顆水靈靈的小蜜桃，彷彿輕輕一掐，就能掐出水來。臉蛋滑滑的，連淚珠都掛不住。」而老奶奶的臉，則可以這樣描寫——「布滿了皺紋和老年斑，像是失去了水分的蘋果……」

(2) 抓住人物不同情感變化時外貌的特色

如果是同一個人，他的外貌會有所變化嗎？多多老師給你的答案是肯定的。一個人在悲傷或喜悅的情況下，他的外貌（尤其是表情）是不一樣的。

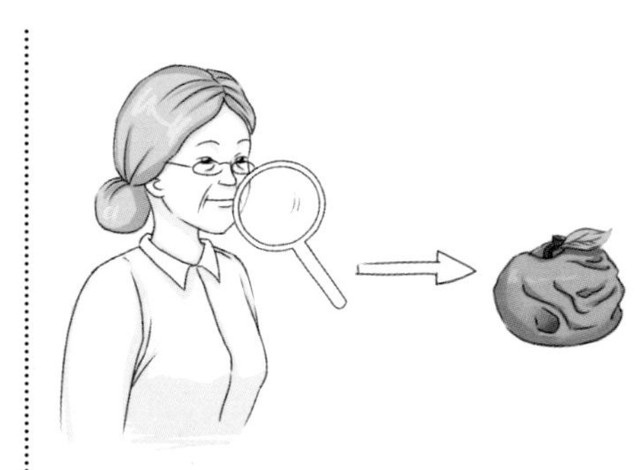

小女孩的臉蛋嫩嫩的，就像一顆水靈靈的小蜜桃……

老奶奶的臉布滿了皺紋和老年斑，像是失去水分的蘋果……

就像你開心的時候就笑個不停，悲傷的時候就止不住流眼淚一樣。在描寫人物外貌時，也要把他情感發生變化時的特色寫出來。

你看，高斯和英格力都寫到了爸爸發怒的樣子，但是卻沒有抓住他們各自的特色，讓人看上去就像是描寫同一個人。

其實，高斯完全可以這樣寫：「每當爸爸生氣的時候，兩條粗粗的眉毛都快擰成麻繩了！鼻子裡喘著粗氣，惡狠狠地瞪著我，好像要把我吞到肚子裡！」

這樣一來，不就把一位「怒火攻心」的爸爸刻劃得栩栩如生了嗎？

你覺得你身邊的人，誰的相貌最有特色呢？試著口頭描述一下他（她）。

＊提示：把你的描述講給爸爸媽媽聽，看他們能不能猜到你說的是誰。如果爸爸媽媽猜對了，那你的描述就成功了！

透過事件凸顯性格

舉一個好例子，勝過千言萬語

「兩行」作文　愛吃臭豆腐的好朋友

最近幾次作文課都在練習人物描寫，高斯的「大作」總是受到徐老師批評、被大家嘲笑，他心裡很不服氣，總想著要寫出一篇一鳴驚人的作文。

可是想歸想，要寫好人物描寫，可不是那麼簡單的事。很不幸，今天的作文課上，高斯同學又丟一次臉了！這是怎麼回事呢？我們還是先一起來讀一讀高斯同學的「大作」吧！

我有一個好朋友，叫英格力。他最大的特色就是貪吃。為什麼說他很貪吃呢？因為他很愛吃零食。而且很愛吃臭豆腐。

你是不是很想接著往下聽？但是，實話告訴你吧，接下來沒有了——人家高斯大俠的作文就只有這兩行字。

臭豆腐
XXX店
臭豆腐

同學們聽完高斯的作文，都哈哈大笑起來。甚至還有同學「誇」他是創作「極短篇小說」的天才。

最生氣、最哭笑不得的人就是徐老師了。她挑了挑眉毛，努力控制住怒氣，問高斯：「高斯，你這篇作文想要表達的重點是什麼呢？」

高斯站起來，滿不在乎地說：「就是英格力是個嘴饞的貪吃鬼嘛！」

徐老師接著又問高斯：「那你是透過什麼來判斷英格力貪吃的呢？」

「他連臭豆腐那麼臭的東西都喜歡吃，這還不是貪吃嗎？」高斯一臉嫌惡地撇了撇嘴，彷彿他的鼻子又聞到了英格力身上的臭豆腐味。

徐老師接著問：「那你能舉個例子說明一下嗎？」

高斯摸了摸鼻子，歪了歪棒球帽，拍著胸脯說：「這有什麼困難！這世界上最熟悉英格力的就是我啦！有一次，我和英格力一起放學回家。走著走著，他忽然定住不動了！而此時，我聞到一股若有似無的臭味，剛想加快腳步走過這段路，卻看到英格力聞著臭味就跑了過去！等我追到他，他已經蹲在一個炸臭豆腐的攤子前面，張開血盆大口，狼吞虎嚥地吃起來了！英格力的吃相實在讓人不敢恭維，只見他一不怕燙，二不怕臭，夾起兩大塊臭豆腐，一下子塞進嘴巴裡，開始享受起來了。他的小眼睛都瞇成一條縫，彎得像月牙一樣。醬汁和油湯順著嘴角往下流，滴滴答答地全流到了制服上，一點也沒浪費！」

高斯愈說愈興奮，到最後都有點手舞足蹈了。

再看同學們，早已經笑得東倒西歪、上氣不接下氣了！

徐老師乾咳了兩聲，一本正經地對高斯說：「你看，你剛才不就現場口述了一篇好文章嗎？想要寫出英格力很貪吃的特色，就要用具體的一件事來表現。這樣，才能讓作文生動、有說服力。」

高斯自己想了想：嘿，就是這樣嘛！我終於知道該怎麼寫了！

多多老師分析

如何讓人物形象生動自然？

表現人物性格，一定要透過具體的事件。這樣寫出來的作文才有說服力，才會使你想要表現的人物形象躍然紙上。小朋友，你們知道嗎？僅僅是簡單一句話交代人物性格是遠遠不夠的，這只會使你的作文顯得空洞無趣。

就像高斯那樣，一開始只是簡單地說英格力很貪吃，卻沒有告訴讀者他如何貪吃，這樣的文章就乾巴巴的，一點都不好看。而加入了吃臭豆腐那件事之後，讀者就對英格力的貪吃程度有所了解啦！所以才引得大家哈哈大笑，連一貫嚴厲的徐老師都快忍不住了呢！

下面，多多老師幫高斯把他口述的內容整理一下，就是一篇優秀的作文了！

貪吃的好朋友

我的好朋友叫英格力。

提起他，我就忍不住煩惱。這是為什麼呢？因為他實在是太貪吃了！他那圓滾滾的身材，都快趕上兩個我了，可他還是每天不停吃零食。最令我苦惱的，就是他那個愛吃臭豆腐的「毛病」！為此，我跟著倒了不少楣啦！

那天我和英格力一起放學回家。走著走著，他忽然定住不動了！就在此時，我聞到一股似有似無的臭味，剛想加快腳步走過這段路，卻見英格力聞著臭味就飄過去了，那速度簡直能用「瞬間移動」來形容了！

等我氣喘吁吁地趕到他面前時，他已經蹲在一個炸臭豆腐的攤子前面，張開血盆大口，狼吞虎嚥地吃起來了！英格力的吃相實在讓人不敢恭維，只見他一不怕燙，二不怕臭，夾起兩大塊臭豆腐，一下子塞進了嘴巴裡！臉頰圓鼓鼓的，都快撐破了，嘴巴只能緩慢地咀嚼！但是，他的表情卻非常享受，小眼睛都瞇成一條縫了，彎得像月牙一樣。醬汁和油湯順著嘴角往下流，滴滴答答地全流到了制服上，而他卻完全沒有感覺！

你看，我這個愛吃臭豆腐的好朋友，是不是很貪吃呢？

同學們，讀了這篇作文，英格力那貪吃嘴饞的形象是不是好像從紙上跳了出來，走到你眼前了呢？這就是因為高斯舉了一個好例子，把英格力吃臭豆腐的模樣牢牢地印在你腦海中了。所以說，當你描寫一個人的時候，一定要用一個具體的事件，把人物寫「活」喔。

Tip 利用事件凸顯人物性格的方法

(1) 選出最能表現性格特色的事件

同學們，現在請你閉上眼睛想一想，你身邊最熟悉的人，他（她）的性格特質是什麼呢？這種特質通常表現在什麼事情上？

例如，脾氣不好的小朋友，經常耍任性，他的性格特質可能表現在得不到想要的玩具時，大哭大鬧；而很懂事、很勤快的小朋友，就可以描寫他主動幫媽媽分擔家務；活潑開朗的小朋友，可描寫他積極報名朗讀比賽，並且盡情展現自己的才藝。

所以，想要透過一件事來表現人物性格特質，首先要做到的，就是要選出最具有代表性的事件來寫。

(2) 在事件中加入動作、表情、語言等描寫

在高斯描繪英格力吃臭豆腐的片段中，細緻地刻劃了英格力的動作——「夾起兩大塊臭

豆腐，一下子全塞進嘴巴裡」、「嘴巴只能緩慢地咀嚼」等；再加上細膩的表情描寫——「眼睛瞇成一條縫，彎得像月牙」。這些動作和表情描寫把一個名副其實的「貪吃鬼」形象刻劃了出來。

所以，為了在描寫事件的時候，讓人物形象更加生動、立體，記得要在作文中多加入一些動作、表情、語言等細節描寫。

多多老師考考你

找一個最熟悉的人，可以是你喜歡的卡通、漫畫人物，說說看他（她）的最鮮明的性格特質是什麼？講一件最能凸顯他（她）性格特色的事例吧！

勤勞

任性

確立一位中心人物

故事要有主角帶領才會精采

最熟悉的人 高斯的「點名簿」

作文課上，徐老師出的作文題目是〈我最熟悉的人〉。

看到這個題目，高斯開心極了：「哼哼，最熟悉的人太多了！在家有爸爸媽媽、爺爺奶奶、外公外婆，學校裡有老師、班上每個同學，就連經常唸我的校長，我都很熟悉呀！乾脆我把他們都寫下來，這才能展現我的實力呀！」

於是，晚上回到家，高斯破天荒地沒有等爸媽催促，自己就老老實實躺在床上構思：

> 我最熟悉的人是爸爸，別看他對同事朋友都很好，對我可是很兇的，經常動不動就罵我一頓（雖然都是我自找的）！
>
> 我最熟悉的人還有媽媽，媽媽對我最好啦，每天做飯給我吃，還要捏著鼻子

幫我洗臭襪子（不過她要是只洗襪子不罵我就更好了）。

我最熟悉的人還有爺爺，爺爺很喜歡下象棋（雖然和鄰居張爺爺下棋從來沒贏過）。

我最熟悉的人還有奶奶，奶奶喜歡跳舞，為此，她還參加了老年舞團。不過，自從半年前跳舞時扭傷了腰，她再也不去跳了！……

我最熟悉的人是我的好朋友英格力，他是一個很貪吃的傢伙，就是在課堂上也會趁老師不注意的時候吃東西（因為他的臉本來就很圓，所以就算含著東西也看不出來）。……

想著想著，高斯的眼皮愈來愈沉，慢慢地進入了甜蜜的夢鄉。在夢裡，他正在朗讀自己的作文給同學們聽哪！

我最熟悉的人是徐老師，她嚴厲得像一個老巫婆一樣，每天想辦法「整」我們（尤其是我）！

張校長也是我最熟悉的人之一，他經常把我「請」到辦公室「喝茶」。不對，是把我請到辦公室挨罵，他自己喝茶！

以上這些，都是我最熟悉的人。

讀完自己的作文，高斯得意洋洋地抬著頭，像一隻剛剛獲勝的大公雞一樣，正等著同學的讚美和徐老師的表揚呢！

可是，同學的反應先是目瞪口呆，然後是全體哄堂大笑！徐老師也是一臉惱怒，口氣不善地問：「高斯，這篇作文既然是要求寫『最熟悉的人』，主要就是寫一個人。你看你，整整寫了二十個人，每個人都用一句話帶過，你是寫作文還是點名呢？」

大家聽了徐老師的話笑得更開心了，笑聲愈來愈大，最後都把高斯吵醒了。高斯回想著剛才夢中的場景，嚇出一身冷汗，幸虧只是虛驚一場。看來，像目前這樣寫肯定會挨罵的。那這篇作文到底怎麼寫呢？高斯愁眉苦臉地陷入了思考。

多多老師分析

故事要圍繞中心人物開展

同學們，你們來說說，高斯的作文為什麼變成了「點名簿」呢？

其實，這就是因為在他的作文中，不但沒有聚焦於表現中心人物，反而只用一兩句話寫了二十個人的「概況」，這不就像點名一樣了嗎？

很多同學在寫人物描寫作文的時候，經常會出現這個缺點。洋洋灑灑一篇文章寫下來，涉及了好幾個人物，但是卻沒有重點。就像是一部沒有「主角」的電影，整場都是「臨時演員」。同學們想一想，這樣的電影能好看到哪裡去呢？

所以，同學們在寫人物描寫作文時，**一定要確定一個中心人物，其他的故事也都要圍繞著中心人物展開**。這樣的文章寫出來，才能讓你的「主角」一下子就吸引住讀者的目光。調皮鬼高斯經過苦思也明白了這個道理，你看，認真修改後，他居然寫出了一篇佳作：

我最熟悉的人

我最熟悉的人，就是把我從小帶到大的奶奶了。奶奶今年六十八歲，背不駝、眼不花，還是一個標準的「跳舞迷」。

每逢社區裡發起了老年舞團，奶奶都頭一個報名。在排練的日子裡，奶奶每天晚上都要化好妝再出門。為此，媽媽還特別買了高級化妝品給她呢！

有一次，奶奶要參加舞團比賽，激動得不得了！幾乎連吃飯睡覺都顧不上，每天不分白天黑夜地練舞。最近〈江南Style〉這首歌不是很流行嗎？奶奶她們就順應潮流，跳起了騎馬舞！

好幾次，我還不幸地被奶奶「抓」去當了幾回觀眾。看她們一群老奶奶，扭動著胖胖的身軀，跳著搞笑的騎馬舞，我覺得簡直比看喜劇電影還過癮呢！

不過，開玩笑歸開玩笑，奶奶這種「活到老，學到老」的精神，還是非常值得我學習的！她簡直就是我的偶像啊！

看了這篇作文，想必小朋友對高斯的印象大大改觀了吧？看不出平時隨隨便便的高斯，竟然也能寫出這麼生動的作文來！實際上，這篇文章之所以能寫得這麼優秀，就是因為有一個確定的中心人物——奶奶。

這篇文章中出現了兩個人：奶奶和「我」。奶奶是「主角」，「我」是「配角」，利用「我」的反應，寫出了奶奶愛跳舞、愛漂亮的個人特色。這就是寫好人物描寫作文的一大高招了！

Tip 如何為你的作文選出主角？

(1) 選定一個人物來開展故事

如果像高斯那樣，寫了全家、全班甚至還有老師和校長一共幾十個人的事，大家看上去就像在看「流水帳」，讀起來一點也不有趣。其實，在這些人裡任意選出一位，利用一兩件小事把這個人描寫得生動具體，這樣的作文就很好了。

(2) 先確立文章重點，再選出最佳主角

很多小朋友在寫作文的時候，沒有想好文章要表達的中心主旨是什麼，造成寫出的文章沒有重點。

比如高斯的那篇作文，如果他寫作之前確定了作文的中心主旨，是讚揚奶奶「活到老，學到老」的精神，那他寫作文的時候自然會圍繞著奶奶來寫。

同樣的道理，如果有小朋友想描寫非常愛讀書的人，那麼就可以找一個愛讀書的好朋友當作文的「模特兒」；如果想寫一位樂於助人的人，那就鎖

◎選定一個人物來開展故事。
◎先確立文章重點，再選出最佳主角。

定一位樂於助人的好朋友。

這樣，文章的中心主旨確定了，你要找到的「中心人物」自然就確定了。

多多老師考考你

下列問題都只有一個正確答案，你找得出來嗎？

❶ 高斯第一次構思作文的時候錯在哪裡？

(A) 高斯不該躺在床上構思，這樣就不會夢到自己的作文不合格了。
(B) 高斯不該那麼沒自信，做了個夢就否定自己。
(C) 高斯不該把自己熟悉的人都寫進作文。因為沒有集中寫一個人，作文內容就變得混亂了。

❷ 如果讓你寫〈我最熟悉的人〉，你會怎麼寫呢？

(A) 我會把所有熟悉的人都寫進我的作文裡，誰叫大家都那麼可愛呢？
(B) 我會只選一個人來寫。當然要選自己最熟悉的那個人，因為這樣才會寫得順手。
(C) 我會修改老師給的作文題目，因為這個題目我不知道怎麼寫才好。

**解答請參見p.282

以貌取人

藉由外在形象展現人物性格

優等名單 李小白竟然落榜了！

一向都拿高斯和英格力的作文當笑話看的李小白，居然在今天的作文課裁了個大跟頭！這可讓高斯和英格力開心得快要飛上天了！他們一搭一唱，對李小白幸災樂禍了半天。

這是怎麼一回事呢？

原來呀，事情是這樣的：作文課上，徐老師宣布了上節課的「優等」作文名單，第一次沒有李小白的名字，這實在太不可思議了，以前從來沒有發生過！

就在李小白和大家感到困惑的時候，徐老師說話了：「這次的作文，李小白沒有拿到優等，因為她的作文中犯了一個很嚴重的錯誤。下面，我讀一段給大家聽，看看同學們能不能幫她把錯誤指出來。」

李小白的作文是這樣寫的：

薛曉妮長得很漂亮。她兩腮緋紅，像兩片薔薇花瓣；一對深深的酒窩隨著她那從不歇止的笑容跳動；她的眉毛像柳葉一樣彎彎的，又細又長；一對大眼睛閃耀光芒，炯炯有神；她的鼻子小巧玲瓏的，就像是精緻的藝術品；她的嘴巴圓圓的、紅潤潤的，像一顆紅紅的櫻桃，嘟起來的時候，不用說有多可愛了！

讀完這一段，徐老師問大家：「看出這段話的不恰當之處了嗎？」

同學們三五成群竊竊私語著：「我覺得寫得很好啊，用詞多優美啊！讓我寫的話我都寫不出來。」

高斯不懷好意地喊：「徐老師，是不是李小白拍馬屁拍得太過分，讓您也受不了啦？薛曉妮有那麼好看嗎？李小白還真敢寫呢！」

徐老師說：「當然不是因為這個原因！薛曉妮同學長得很漂亮、很可愛，李小白同學對她的描寫很生動，文字也很優美，寫得很好。只是，她這篇作文的題目是〈一位熱愛讀書的同學〉，那麼作文內容應該要凸顯薛曉妮熱心學習，外在形象描寫也應該側重表現這個特色。

「比如，可以重點刻劃薛曉妮看書時的模樣：她的眼睛、眉毛、嘴巴是什麼樣子……

「在李小白的這篇作文中，她的文字還是一樣優美，但是她卻沒理解描寫的重點應該在什麼地方。人們常說：人不可貌相。但是在我們的作文中，必須靠描寫外在形象，來展現人物的性格特質。」

聽了徐老師的話，李小白恍然大悟，趕緊低頭修改自己的作文。

多多老師分析

外在形象如何與性格連結？

小朋友，你們在寫作文的時候是不是也曾經犯過類似的錯誤呢？只顧使用華麗的字詞來修飾人物的外貌，卻忘了把人物的外在形象和性格連起來，造成文章華而不實。

就像李小白，本來要寫一位熱愛學習的同學，結果卻用大段文字來描寫她的漂亮、可愛，其實，這也算是「離題」喔。

所以，小朋友們在寫作文的時候，千萬不能犯類似的錯誤。

好在李小白及時改正錯誤，重新寫了一篇作文，我們快來看看吧！

一位熱愛讀書的「美女天才」

她，一張圓圓的臉蛋，一頭烏黑的頭髮。笑的時候嘴巴裡總會露出兩顆可愛

KING

的虎牙，一雙大大的眼睛裡閃著智慧的光芒。她就是我們班最愛學習的「美女天才」——薛曉妮。

是誰說「美貌與智慧不可兼得」？薛曉妮不僅是我們班的「班花」，更是班上最愛學習、學得最好的「天才」。

為什麼這麼說呢？

當你進到我們教室裡時，總會看到一個女孩，靜靜地坐在自己的位置上。左手托著下巴，右手抓一枝筆，秀氣的眉毛擰在一起，認真地看著眼前的數學題。瞧，此時她正握著筆皺著眉頭，長長的睫毛閃耀光芒，像是在沉思。原來，她在做作業的時候遇到難題，正在認真思考呢！忽然，她的臉上流露出一絲喜悅的表情，那笑容愈來愈大，最後把眼睛都瞇成一條線了。不用猜，她肯定想到了解決難題的辦法！

看著她認真學習的樣子，我忽然覺得，她有好成績也許並不是因為她是「天才」，而是因為她比我們多付出的努力和汗水。我以後一定要向她多多學習，不僅要成為寫作文的「天才」，在其他方面都要努力取得好成績！

改寫後的作文中，李小白並沒有在開頭就隆重介紹薛曉妮的具體的外貌特徵，而是把重點放在她展現「聰明智慧」的形象上。在介紹學習、思考狀態的薛曉妮時，也把外貌描寫集中在認真仔細的表情上。

這才是一篇真正的好作文呢！

Tip 描寫人物外在形象的注意事項

(1) 根據主題，凸顯相關特質

李小白的作文主題是讚美薛曉妮同學熱愛學習的精神。那麼，薛曉妮的性格特色主要就是認真、努力，作文中就應該展現這個特質。

又比如，作文的主題是讚美某人樂於助人的精神，那麼在描寫人物時就要塑造出人物單純善良、有愛心、有耐心的形象，這就是作文中這個人物最重要的特質。

所以，確定凸顯何種性格是塑造人物的第一步。

(2) 集中描寫最能展現性格的外在形象特色

人物性格確定之後，接下來就要利用相應的外在形象來刻劃這種性格，使得作文讀起來內容更加充實、人物形象更生動。

例如，寫一個農民伯伯的性格很勤勞樸實，可以重點凸顯他的臉和手——

> 他的臉成了深紅色，上面布滿皺紋，像失去水分的紅棗乾一樣，笑起來卻讓人覺得很溫暖，彷彿他的臉上布滿了陽光；他的手背粗糙得像老松樹皮，有一道道的裂痕，手掌磨出了厚厚的老繭。

小朋友你看，我們根本不用一筆一筆地描寫農民伯伯的眼睛、嘴巴、鼻子等等，只要單純地藉由對他臉部、手部的描寫，就可以顯現出農民伯伯的樸實和勤勞了。這就是一個藉由外在形象描寫來表現人物性格的典型例子。

描寫人物外在形象的注意事項。

◎根據作文主題，凸顯人物性格。
◎選擇最能展現人物性格的外貌特點來寫。

下面兩個文章片段都是對人物外在形象的描寫，小朋友能不能根據這些外在形象描述，總結出這些人物的性格特質呢？

❶ 老爺爺那飽經風霜的臉，好像用紅銅鑄成般，寬寬的額角上，常常刻著幾條顯示出剛強堅毅的皺紋。

文中的老爺爺是一個（　　　　　　　　　　）的人。

❷ 我們社區裡來了兩個從鄉下來的小孩。一個是姊姊，梳著兩條小辮子，穿著小花圍兜兜，見到人就臉紅，抿著嘴輕輕地笑。一個是弟弟，額頭上留的頭髮，就像蓋上茶壺蓋，瞪著兩顆大眼睛，好奇地看來看去。

文中的姊姊是一個（　　　　　　　　　　）的人，

文中的弟弟則是一個（　　　　　　　　　　）的人。

對話升級法

除了寫對白，更要寫出表情和語氣

今天，高斯又一次成為作文課上的「主角」。這是怎麼回事呢？

原來呀，今天的作文課一開始，徐老師就選了高斯和他的好搭檔英格力，讓他們共同演一齣戲，而「劇本」就是一篇上節課出的作文──〈我的媽媽〉。於是，表演開始了：

搞笑演出 面無表情的「機器人」媽媽

媽媽（英格力飾）：（面無表情地說）高斯，你又把你的臭襪子扔在床底下了。媽媽告訴過你，襪子不能隨便扔。

高斯（高斯飾）：媽媽，我把襪子扔在床底下是為了熏蟑螂，你看，家裡的蟑螂變少了。

媽媽（英格力飾）：（快憋不住笑，但仍面無表情地說）懶惰鬼，我寧願在

KING
XXX
高斯是機器人。

床底下看見蟑螂，也不想撿到你的臭襪子。再說，蟑螂沒變少，倒是媽媽快被你的臭襪子熏死了……。

兩人一開口，同學們才知道這是高斯的作文。聽到他們的對話時，再也忍不住了，都哈哈大笑起來。尤其是看到英格力他們努力維持面無表情的樣子、說話單調的語氣，就像機器人一樣，有夠滑稽！

「大喇叭」李悅捏著鼻子喊：「又一個號外，高斯和他媽媽都是機器人！」

聽到這裡，徐老師要大家安靜，語重心長地對同學們說：「剛才他們表演的『劇本』，就是高斯上節課的作文。不可否認，高斯的這篇作文寫得很有意思，對話也很風趣。但是，如果沒有語氣和表情，只是單調地敘述，作文中的人物就會顯得呆板、僵硬，就像兩個機器人一樣。尤其是刻劃人物說話時，一定要描述出語氣和表情，這樣人物才會傳神。」

聽了徐老師的話，大家都陷入思考。

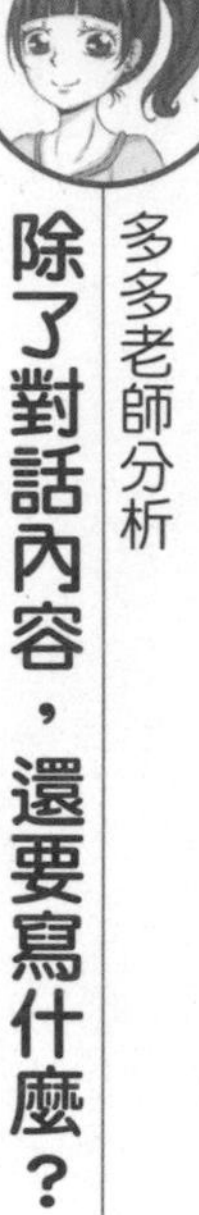

多多老師分析

除了對話內容，還要寫什麼？

小朋友，你的作文中出現過這樣的情況嗎：寫人物對話的時候，只寫出人物說的話，卻沒有描寫他們說話時的表情、動作？

多多老師一定要提醒你，如果只顧著寫對話，完全不注重描寫表情、動作，那麼寫出來的人物就會像機器人一樣，沒有表情，而且僵硬乏味。

快看，高斯把作文裡的那段對話修改之後，就顯得有「人味」多了！

大週末的早上，我還想睡覺，但卻被媽媽的「高分貝」的大嗓門驚醒了！

只見媽媽一手捏著鼻子，一手拎著我的襪子，站在我床前，大聲喊：「臭兒子！你怎麼又把臭襪子扔到床底下啦？媽媽不是告訴過你，不要把你的臭襪子到處亂扔嗎？」

我揉了揉迷濛的雙眼，看了一眼那雙臭襪子，小聲說了一句：「我是要用這襪子來熏蟑螂……你沒看見我們家床底下的蟑螂變少了嗎？」

媽媽聽了我的話，不但沒有消氣，反而更生氣啦！聲音又提高了一個分貝：

「什麼？燻蟑螂？我看蟑螂沒變少，媽媽都快被你的臭襪子熏死了！」媽媽一邊說著，一邊「小心翼翼」地捏著襪子往外走，好像手上拿的不是襪子，而是定時炸彈一樣！

你看，高斯只是在這段對話中，加入了一些語氣和表情的描寫，對話是不是生動活潑很多呢？如果你寫的作文也能達到這種效果，那你的描寫就算成功了！

Tip 讓人物對話生動有趣的技巧

人物描寫的作文中，無論是獨白還是對話，難免都會寫到人物說話的內容。怎樣描寫這些話語才能讓你的文章讀起來有趣呢？多多老師為你歸納了以下的一些小技巧：

(1) 寫出人物說話時的表情和語氣

小朋友一定都看過很多動畫吧？我們一起來想一想，看動畫的時候，是怎麼分辨出好人和壞人的？一般來說，壞人的臉上還真貼著「壞人標籤」。為什麼這麼說呢？你看壞人說話的時候，總是一副惡狠狠的樣子，說起話來模樣古怪，嘴角還往往帶著奸詐的笑容，就怕觀眾看不出來他很壞。

其實，這些壞人的形象之所以塑造得這麼成功，就是因為他們說話時的語氣和表情特別鮮明、生動。因此我們描寫人物說話的場景時，**一定要寫出他們的表情和語氣，這樣才能使人物的形象更立體，好像他們就站在讀者面前一樣。**

(2) 表情和語氣要符合人物身分

很多小朋友在人物描寫作文中，過度追求「文采」，結果卻把人物的表情寫成了「四不像」。例如，有一位小朋友，他寫奶奶說話時的表情是這樣寫的：

> 奶奶收到我親手做的生日賀卡，高興極了！拍著手，一直誇我「乖」。她的眼睛彎彎的，好像天上的月牙一樣，眼角還閃爍著感動的淚花。小臉蛋紅撲撲的，笑成了一朵花，就像十多歲的小女孩……

這樣的描寫雖然很生動，但是完全不符合老人的特質，反倒更像是一個十幾歲小女孩的表情，讓人讀起來啼笑皆非。

所以，在描寫人物說話時的表情和語氣時，還要注意符合人物的身分背景。

多多老師考考你

下面這段對話中完全沒有語氣和表情的描寫，請運用前面學到的技巧修改看看吧！

門被打壞了，門上出現一個拳頭大的凹洞。

班主任來了，說：「誰踢壞的？」

搗蛋鬼董小天說：「沒看見。」

旁邊的張小勇還幫董小天說話。

高芳芳說：「是董小天踢的。」

董小天不承認。

老師說：「還有誰看見了？」

「沒看見。」李星說。

寫好人物對話的兩個小技巧。

◎寫出人物說話時的表情和語氣。
◎表情和語氣一定要符合人物的身分。

人物特質歸納法

緊扣主要特色舉例，精準不離題

高斯寫李小白 意外的讚美

誰都知道，高斯和李小白雖然是坐隔壁的同學，但是他們的脾氣就像水和火一樣，一見面總是吵得沒完沒了。但是，今天的作文課上，李小白卻意外地受到了高斯的「讚美」，讓她又感動、又得意。

但是，仔細一讀這篇作文，李小白總覺得好像有什麼地方怪怪的，卻又說不上來。一起來看看，高斯的作文究竟寫了什麼呢？

令我敬佩的同學——李小白

坐我隔壁的同學是李小白。她的成績非常好，作文也寫得很棒（雖然我很不願意承認這一點，但確實是事實）。我一直以為她就是一個愛發脾氣的「大小姊」，動不動就「教育」我，驕傲得要命。但是後來我發現，她其實也是一個樂於助人的人，這一點讓我很敬佩。

有一次，我有一道數學題目不會寫，想了半天也沒寫出來。這時，李小白湊過來看了看，想了一下，皺著眉頭說：「這題我也不會，不過我可以研究研究。」於是，她便趴在桌子上，開始演算這道題目。

等我玩得滿頭大汗回到教室的時候，她還一動不動地坐在座位上算題目呢！我走過去一看，她的桌上已經鋪滿了好幾張計算紙，密密麻麻的全是數字。我也不敢驚動她，安安靜靜地坐著看書。

過了一會兒，只聽見她「哇」地歡呼一聲，終於把這題算出來了！看她興奮的樣子，我真是佩服她呀！

作文讀完了，徐老師為大家解開疑惑：「這篇作文看上去沒有問題，但是它有一個最大的缺點，就是把人物的性格特質寫偏了！本來高斯寫的是敬佩李小白樂於助人，可是到後面寫的卻是讚美李小白學習勤奮、有鑽研精神，這和一開始提到的初衷完全不一樣。」

聽了徐老師的話，同學們才恍然大悟。

多多老師分析

要緊扣主題來寫人物特質

小朋友，你也犯過像高斯這樣「高明」的錯誤嗎？如果不是徐老師「火眼金睛」，說不定還真讓他蒙混過關了呢！

高斯聽了徐老師的講解，也明白了自己的錯誤之處，你看，他改過的作文就好多了！

令我敬佩的同學——李小白

坐我隔壁的同學是李小白。她的成績非常好，作文也寫得很棒（雖然我很不願意承認這一點，但確實是事實）。我一直以為她就是一個愛發脾氣的「大小姊」，動不動就「教育」我，驕傲得要命。但是，後來我發現，她其實也是一個樂於助人的人，這一點讓我很敬佩。

有一次，我有一道數學題目不會寫，想了半天也沒寫出來。這時，李小白湊過來看了看，想了一下，皺著眉頭說：「這題我也不會，不過我可以研究研究。」於是，她便趴在桌子上，開始演算這道題目。

看著她那認真的樣子，我的心裡覺得有點忐忑不安：「如果李小白把這題算出來，她會不會嘲笑我笨呀？我不能讓她看我的笑話！」

正在我胡思亂想的時候，李小白激動地歡呼了一聲，看來是解出來了。就在我打算「先下手為強」回敬她的時候，她把自己演算用的計算紙拿到我眼前，仔細地講解。看她專注又認真的樣子，我不禁有點慚愧，原來是我「以小人之心度君子之腹」了！

我雖然嘴上不肯承認，其實心裡是很感激她的，也很敬佩她。透過這件事，我知道了，李小白原來也是一個樂於助人的人，我以後再也不欺負她了！

小朋友們看到了吧，平時隨隨便便的高斯，居然也學會真心誇獎別人了呢！雖然第一次寫得不太成功，但是改正之後的作文就很棒了！

所以，同學們在塑造人物性格時，一定要緊扣主題來歸納人物的性格特色。否則，你很容易就會「離題」喔！

Tip 不離題的人物特質歸納法

(1) 事例對照法——舉例與人物特質要能直接對照

例如，媽媽每天都為我們打掃房間、做好吃的飯菜，還幫我們洗衣服，要做很多的家事。從中我們可以看出媽媽很勤勞，但是卻看不出她很熱情、很善良。如果你要讚美媽媽的善良，就要選擇別的事情來寫。比如，媽媽把一位不認識的老奶奶送回家，就可以展現媽媽的善良了。

所以，寫作文的時候一定要記住，當你評價一個人的時候，一定要符合人物的特質，寫的事件也要和人物特質對應。

主要特質：

勤勞 ✓

善良 ✗

(2) 主要特質定位法——利用一件事集中表現最主要的特質

我們每個人身上有很多特質，有好的，也有不好的。**如果你想要讚美一個人某一方面的特質，就寫出最具代表性的一件事來表現它。**比如，寫一位同學很堅強，就可以忽略他總在考試之後哭的事，只要寫出他在賽跑的時候摔傷，但是依然堅強地站了起來，堅持跑完全程就可以了。

寫作文時，先定位人物的主要特質，再用一件事集中表現這一項特質，就可以避免錯誤歸納人物特質的情況出現。

多多老師考考你

親愛的小朋友，請利用以下的描述，寫出這些人物具有哪些特質。

❶ 與別的醫生看病不同的是，外公知道鄉村窮，怕他們花冤枉錢。於是，他很少叫病人做費用高的檢查，也不用很貴的藥，而是憑他多年的行醫經驗，為病人查病因、開處方。很多看上去嚴重的病，在外公這裡幾副中藥就搞定了。

文中的外公是一個（＿＿＿＿＿＿＿＿）的人。

❷ 清潔工正在不厭其煩地清掃髒兮兮的地面。地面上很多垃圾，他掃了幾次都沒有掃乾淨。於是，他很有耐心地把嵌在磚頭縫裡的瓜子殼挖出來，一點一點地抓撿著黏在地上的爛果皮。遇到頑固的口香糖，他不得不跪在地上用雙手去摳。

文中的清潔工是一個（＿＿＿＿＿＿＿＿）的人。

**解答請參見p.282

前後一致評價法

好要好到底，不能前後矛盾

說好話不容易 老師變成「雙面人」？

高斯的作文經常被當作「反面教材」，不只在班上傳來傳去，甚至別班的同學也想借去「參考」！甚至還有人說：「想寫好作文，按照高斯的作文去寫就行了！不過呢——要反著寫！」

高斯聽到這種話好鬱悶啊！他多想自己也能享受一次「徐老虎」（高斯偷偷幫徐老師取的綽號）的表揚啊！

後來，還是英格力出了個好主意：「人們都喜歡聽好話，徐老師肯定也不例外！只要你在下次的作文中對徐老師『美言幾句』，她肯定給你高分！你放心好了，這個辦法是我的獨家經驗，百試百靈！」

於是，在英格力的「鼓勵」之下，就有了下面這篇高斯的作文：

我眼中的徐老師

教過我的老師有很多，但我印象最深的卻是徐老師。

第一次看到徐老師的時候，我覺得她很嚴厲，像個大法官一樣。我一個堂堂小男子漢站在她面前，還真有點害怕呢。後來我才知道，原來徐老師並沒有我想像中的那麼「可怕」，相反，她是一位非常溫柔、有耐心的老師。

記得有一次，我的作文沒寫好，所以心情不好。這時，徐老師把我叫到辦公室，語重心長地安慰我：「高斯，其實你的作文內容很有幽默感，但缺少一些寫作的技巧，只要你努力學習，肯定能愈寫愈好！」看著徐老師鼓勵的目光，我忽然覺得信心百倍了！

還有一次，我經過校長室的時候，校長室的玻璃正好被一顆天外飛來的足球砸破了。校長抓著我直接「拎」到了徐老師的辦公室，徐老師二話不說，狠狠地罵我一頓！跟我講了一個鐘頭的大道理，聽得我都快睡著了！後來，他們才知道那個球根本不是我踢的，我就這樣莫名其妙地當了替罪羔羊。

徐老師，您對我實在是太好了！謝謝您對我的培育，我會永遠記住您！

等高斯信心滿滿、興高采烈地把這篇作文給徐老師看了之後，高斯永遠也忘不了徐老師當時那錯愕的眼神、惱怒的表情，以及有些沉痛的語氣：「高斯啊，原來在你的眼裡，我是一個雙面人啊！」

多多老師分析

如何避免評價前後矛盾？

高斯明明塑造了一位和藹可親、關心學生的老師形象，怎麼會被徐老師說成「雙面人」呢？高斯自己也想不通了。小朋友，你們知道徐老師為什麼這麼說嗎？

相信很多小朋友已經猜到了：因為高斯在作文中對徐老師的評價前後矛盾！明明是同一個人，一會兒對高斯溫柔地細語，就像溫暖的爐火；一會兒又二話不說地狠狠批評，就像冰冷的海水。兩種全然相反的反應，那還不是「雙面人」嗎？

不過，好在高斯每次都知錯能改，這次也不例外。我們一起來看看修改後的作文吧！

我眼中的徐老師

教過我的老師有很多，但我印象最深的卻是徐老師。

第一次看到徐老師的時候，我覺得她很嚴厲，像個大法官一樣。我一個堂堂小男子漢站在她面前，還真有點害怕呢。後來我才知道，原來徐老師並沒有我想像中的那麼「可怕」，相反，她是一位非常溫柔、有耐心的老師。

記得有一次，我的作文沒寫好，所以心情不好。這時，徐老師把我叫到辦公室，語重心長地安慰我：「高斯，其實你的作文內容很幽默，但缺少一些寫作的技巧，只要你努力學習，肯定能愈寫愈好！」看著徐老師鼓勵的目光，我忽然覺得信心百倍了！

還有一次，我經過校長室的時候，校長室的玻璃正好被一個天外飛來的足球砸破了。校長抓著我，直接「拎」到了徐老師的辦公室。徐老師並沒有直接責怪我，而是耐心地聽我講清楚當時的情況。其實，那個足球是別的同學踢的，踢完就跑了，而我是被冤枉的。正是因為徐老師耐心地幫我查明真相，我不但避免了挨罰，校長還向我道歉了呢！

徐老師就是這樣一個可敬可愛的人，她就像一位慈祥的長者，把所有的智慧都教給了我們。她也是我們的大朋友，時時刻刻地關懷著我們。徐老師，謝謝您對我們的培育，我會永遠記住您！

改完這篇作文後，高斯如願以償得到全班最高分，連一向取笑他的李小白都對他比讚！

Tip 評價人物不離題的寫法

(1) 根據題目來舉例證明

假如要寫一篇讚美某個人助人為樂的作文，你會舉什麼樣的例子呢？肯定是某人非常熱心幫助別人的例子，比如幫同學打掃環境、講解題目等等。如果是幫媽媽做飯，就不屬於助人為樂的範圍。因此，**分析題目很重要，自然可以把其他不相關的題材捨棄。**

(2) 用你舉的例子來評價

我們都知道，讚美某個人並不代表像「拍馬屁」那樣，只講好聽的話就可以了，而是要利用事例來展現這個人的特質。

比如說，一個人偷了別人的錢包，我們就說他是無惡不作、喪盡天良，這樣的評價顯然不合理。或者說，有個人無償地資助貧困地區的兒童上學，我們可以說他很善良、道德高尚，卻不能根據這件事評價他很勤勞。

同樣，在你寫作文的時候，既然已經根據題目舉出了適合的例子來表現人物，那麼在評價人物的時候，就要根據你所舉的例子來評價。這樣才能避免鬧出把你筆下的主角塑造成

「雙面人」的尷尬情況。

多多老師考考你

親愛的小朋友，如果一篇作文題目是〈我最敬佩的一個人〉，你覺得下面哪一個事例是最不適合寫的呢？

(A)爸爸工作很勤奮、很負責，有一次為了解決一個問題，熬夜一整晚。

(B)媽媽每天都會對我叨叨念念，常常因為我功課沒寫完就跑去玩而生氣。

(C)我的好朋友為了幫助一位腳受傷的大哥哥上樓梯，寧可冒著遲到挨罵的風險。

(D)鄰居家的護士姊姊，每週都耐心幫獨居的王奶奶注意身體狀況、換洗被單。

**解答請參見p.282

評價人物不離題的兩個小技巧。

◎根據題目來舉例。
◎用你舉的例子來評價。

眼睛「會說話」

利用眼神展現人物內心世界

會錯意的結果 怪物來敲門……

今天，徐老師出了一篇作文，題目是〈會說話的眼睛〉。光看這個題目就夠難了，偏偏徐老師還要求：內容必須是人物描寫，這個人物的眼睛還要「會說話」！

高斯好苦惱！只有人才會說話，眼睛怎麼能說話呢？

想來想去，他的靈感一下子冒出來了：「這個眼睛不就會說話嗎？我就把它當作人來寫吧！」於是，他趕緊跑到書桌旁，寫出了這篇作文：

會說話的眼睛

昨天晚上，很晚了，我還躺在被窩裡看漫畫。看著看著，我就迷迷糊糊睡著了……。

睡夢中，有一個「怪物」向我走來。它的身高跟我差不多，身體是一個眼睛的樣子，兩端尖尖，中間圓圓，穿著大白袍，上面布滿了紅線。它只有一隻眼睛，在身體中間，閃耀光芒亂眨著。最怪異的是，它居然還長著細細的手臂和腿！

正在我又驚又怕、不知所措的時候，它先做了自我介紹，接著就劈哩啪啦罵我一頓！我聽見它氣呼呼地嚷著：「你怎麼不認識我了？我就是你的眼睛啊！我告訴你喔，你平時寫作業、看電視、玩電腦、啃漫畫書，都是我幫你做的！我很辛苦耶！但是你，這麼晚了還看書，還躺在床上，這不是存心讓我視力下降嗎？等我疲勞過度成了近視眼，看你怎麼辦！」說完這話，它竟然轉頭就走了！

讓它這一喊，我竟然醒過來了。看著手裡的漫畫書，想想眼睛對我說的話，我只得把書放下，繼續睡覺了。

寫完之後，高斯重複看了好幾遍，確定自己寫得文采飛揚，滿意得不得了！於是，他決定先拿去給老爸「開開眼界」。結果，老爸的評價卻讓高斯鬱悶至極：

「作文寫得不錯！但得重寫！」老爸一臉惋惜地對高斯說。

「啊？為什麼啊？寫得好也要重寫？」高斯不可思議地看著老爸。

「單看這篇作文，你寫得確實不錯，但是卻沒有符合老師的要求。這其中的道理，你自己想想吧！」

「啊？」高斯原本興高采烈的臉，一下子垮了下來。

多多老師分析

如何描寫內心情感？

小朋友，你是不是覺得高斯很「冤枉」呢？人家作文寫得多好呀，哪裡不符合要求呢？如果你真的這樣想，那就說明你和高斯一樣，也是個小糊塗蟲！

徐老師都說了，是人物描寫作文，而且這個人的眼睛還要會「說話」，明顯就是要同學們在寫一個人物時，仔細刻劃此人的眼神，讓讀者能透過這雙眼睛看到他（她）的內心世界嘛！結果高斯卻塑造了一個會說話的「怪物眼睛」，根本就是漫畫看太多了呀！

人們常說：眼睛是靈魂之窗。透過一個人的眼睛，就能看到這個人的內心世界；而一個人的喜怒哀樂、心理狀態，通常都能透過眼睛傳達，這就是眼睛「會說話」的祕密。**想要把一個人寫得鮮活，展現出此人的內心世界，最有效的方法就是刻劃他（她）的眼神**。把眼神寫得生動，才能把一個人寫得精采。

下面這位小朋友的作文，就是一篇「畫龍點睛」的好例子，我們來看看他是怎麼寫媽媽的眼睛！

當我考試沒考好的時候，媽媽什麼也沒有說，只是靜靜地望著我，那和藹的眼神彷彿在告訴我：「孩子，傷心並不能解決問題，關鍵是找到出錯的原因，並加以改正，才能有所進步啊！」於是我懂得自我檢討的學習方法。

當我寫毛筆字沒有進步的時候，我看見了媽媽投來鼓勵的眼神，她久久地凝視我，彷彿深深的潭水，好像在說：「別灰心，萬事起頭難，只要多努力，就一定會成功。」於是我懂得了無論做什麼事，首先要鎮靜，而且要堅持不懈為之奮鬥。

當我撒謊的時候，媽媽用憤怒的眼神望著我，似乎在說：「孩子啊，你怎麼能撒謊呢？媽媽因為你的不誠實感到生氣！」於是我懂得了誠實的重要。

在這篇作文中，媽媽用不同的眼神，適時地給小作者安慰、鼓勵和引導，展示了一位關愛、理解孩子的媽媽的內心世界。

現在，小朋友你知道了嗎？透過對眼神的細緻刻劃，人物性格就會躍然紙上。

Tip 刻劃人物雙眼的技巧

(1)觀察特點——凸顯不同人眼睛的特點

很多小朋友在刻劃人的眼睛時，都喜歡用「水汪汪」、「炯炯有神」、「暗淡無光」一類的詞語，所以筆下的人物，好像都是從一個模子裡刻出來的一樣。這樣的作文怎麼會寫出新意、吸引讀者呢？

那麼，該怎樣把你筆下的「眼睛」刻劃得與眾不同呢？多多老師的建議就是，**一定要仔細觀察人物的眼睛，抓住與眾不同的特點**。

例如，某個小朋友的眼睛一邊單眼皮，一邊雙眼皮，一隻眼睛下面還有一顆痣，好像一個小小的標點符號。又如，某位老人家的眼角堆滿了皺紋，眼珠已經深深地塌陷進去，顏色很淺，渾濁暗淡，失去了光彩。又如，某個年輕人，眼睛細而長，眼皮無力地半闔著，拉長眼角，總是一副沒睡醒的樣子。

小朋友，你們看，只要認真觀察，每個人的眼睛都有不同的特點。只要抓住這些特點，寫好眼睛並不是難事。

(2)形神兼備——抓住眼神中蘊含的情感

要想讓你筆下的眼睛「會說話」，光是描繪它的外形還是不夠的，還要抓住眼神中透露出的情感，這樣才能使它「形神兼備」。

其實，要做到這一點並不算難。

有一位小朋友寫一個傷心哭泣的人的眼神，是這樣寫的：

> 他轉動著大眼睛，害怕地看著媽媽，那眼神裡充滿了委屈和無助，眼睛裡的淚珠滾來滾去，卻不敢掉下來。

雖然小男孩沒有說話，但是從上面描寫的眼神中，就可以看到一個小男孩內心的委屈和傷心，這不就是眼睛在「說話」嗎？

所以，小朋友們在描寫眼神的時候，可以加入人物的情感和心理狀態——傷心的、委屈的、高興的……利用這些帶有情感的眼神，我們就可以展露出人物的內心世界了。

(3) 文辭修飾——加入適當的詞彙形容

適當的修辭，能夠使描述更加生動具體，也能更明顯地表現出人物眼睛的特點。

例如，一位小朋友在寫一位好朋友時，是這樣描寫的：

她那濃濃的眉毛下嵌著一對大眼睛，烏黑的眼珠，像算盤珠子似的滴溜溜亂轉。

看到這句描寫，我們就知道了，這位好朋友性格活潑開朗，還很調皮呢！那滴溜亂轉的眼珠就展現了這一點。看來，描寫眼睛的時候，加一點修辭，確實能讓你的描寫更加生動鮮活！

多多老師考考你

小朋友們，請設想一下，如果媽媽誤會你打碎了她心愛的花瓶，因此而嚴厲責備你時，她的眼睛看起來是什麼樣子呢？趕快動動你的妙筆，把它寫出來吧！

＊提示：可以用眼神表現媽媽的怒氣，同時又包含著對你的疼愛。當然，也可以加入一些譬喻修辭喔！

刻劃人物雙眼的三個小技巧。

◎觀察不同人眼睛的特點。
◎抓住眼神中蘊含的情感。
◎適當運用譬喻等修辭來形容。

個性藏在動作裡

像慢動作鏡頭細寫行為細節

雙胞胎猜猜樂 **答案就在動作裡！**

今天，高斯家裡來了兩位小客人，高斯好高興！他彎著腰、背著手，來來回回繞著兩位小朋友轉了好幾圈，不但看起來紅光滿面，眼睛裡還閃著大偵探似的興奮光芒。為什麼高斯對小客人這麼好奇呢？

原來呀，這兩位小客人，穿一樣的衣服，留一樣的西瓜頭髮型，連說話的聲音都一樣。最令人不可思議的是，他們長得一模一樣！因為他們是一對雙胞胎兄弟！

高斯長這麼大還沒見過長得這麼像的雙胞胎呢！所以他從兩個小傢伙一進門，眼珠子就黏在人家身上，上上下下看個沒完。

看到高斯這副搞笑的樣子，媽媽忍不住要逗逗他：「毛毛是弟弟，調皮搗蛋，是個小霸王；豆豆是哥哥，有點靦腆，性格比較乖巧。如果你能分辨出他們誰是誰，媽媽就獎勵你，明天帶你去看恐龍化石！」

KING

這下高斯更有興致了！在獎勵的誘惑下，他開始動腦筋想辦法。忽然，高斯有計畫了——他把雙胞胎兄弟帶到自己的房間玩。

來到房間後，還沒等「主人」邀請，一個小傢伙就迫不及待踩上高斯的床，還把枕頭墊在屁股底下，在床上堆起積木。一會兒覺得沒意思，把剛堆好的積木全扔到床下，又把高斯的變形金剛模型拿了過來，這邊扭扭，那邊按按，高斯好心疼！

就在高斯憂心忡忡的時候，另一個小傢伙給了他不少安慰。他從進門到現在，就只抱著一本畫冊看，雖然在畫冊上塗了不少鼻涕，但是比起床上那位，還是乖巧多啦！

看到這裡，高斯忽然有了想法，趕緊跑去告訴媽媽：「媽媽，那個調皮搗蛋的小傢伙就是弟弟毛毛，而那個專心看畫冊的就是哥哥豆豆！」

媽媽笑咪咪地問高斯：「嗯，猜對了！你是怎麼知道的呢？」

高斯得意地回答：「這還不好猜嗎？你說他們一個安靜、一個活潑，從他們的動作就可以看出來了！一個一動也不動在看畫冊，另一個就跟小猴子一樣上躥下跳，很容易分辨啊！」

聽到這裡，媽媽露出滿意的笑容：「你說得對！利用他們的動作就可以看出他們的性格，那你寫作文的時候，為什麼沒有用這樣的方式來表現人物的個性呢？」

高斯聽了媽媽的話，認真思考起來。

多多老師分析

不同個性，動作也不同嗎？

小朋友，你們從這對雙胞胎的身上得到什麼啟發呢？多多老師倒是有新發現。原來，每個人都有自己的個性，就算是雙胞胎的個性也不一樣！而這種個性，就是利用一些動作細節來表現出來的！

比如，脾氣溫和的人，一根火柴沒點燃，可能會再拿出第二根、第三根……直到點燃為止；如果是脾氣粗暴的人，遇到相同情況，可能會直接把整盒火柴扔出去！

所以說，一個人的個性特質如何，從動作的一些小細節就可以看出來了！同樣的道理，想要在作文中表現出人物的個性特質，完全可以利用動作細節的描寫！

你們看下面這些小朋友，他們寫的「小動作」就很多！

◆放學了，他把書本練習簿什麼的一古腦兒往書包裡一塞，書包扣帶只扣了一個，就把書包往肩上一甩，蹦蹦跳跳還哼著歌。到了校門口，他左右一望，正是車流空隙，就竄過了馬路。他轉過一條小街，這才慢下來，因為前面就是他的家……

◆聽著老師的表揚，她紅通通的臉上露出羞澀的笑容。一雙小手不停地撫弄衣角，腦袋往下低，都快縮到衣領裡去了……

◆媽媽從包包裡拿了一瓶柚子汁，轉開瓶蓋，倒進茶杯，又拿起熱水瓶往杯子裡倒了些開水，用湯匙攪了攪，然後舀起滿滿一大勺，慢慢地放到嘴邊吹了吹，又抿了一小口，試了試涼熱，接著，把湯匙送到我嘴邊，我喝著這酸中帶甜的柚子水，感到一股暖流注入心田……

上面的三段內容，描寫了很多動作上的小細節，表現出不同人的個性特質。

第一位小朋友寫的，是一個小男孩放學急著回家的情景，他把東西「一古腦兒往書包裡一塞，書包扣帶只扣了一個，就把書包往肩上一甩。」就可以看出這個小朋友多麼大意馬虎，在過馬路的時候，他又趁著車流縫隙穿越過去，可以看出他不太注意安全。從這些小動作都知道，這是一個性格隨意、馬虎的小朋友。

而第二個片段，是一個受到表揚的小女孩的表現，她撫弄衣角和低頭的動作，可以看出她個性害羞靦腆。第三個片段，寫了媽媽餵「我」喝水的一系列動作。利用這些細膩的動作描寫，可以看出媽媽的溫柔體貼。

利用這些動作的細節描寫，人物的個性就非常鮮明了！

Tip 如何寫好人物動作細節？

(1) 把每個小動作細緻地描摹出來

我們每個人的行為，都是由許許多多「小動作」組成的。要想寫好人物描寫作文，就要學會把這些「小動作」細緻入微地描寫出來。

例如，有一位小朋友就用了很多「小動作」來描寫爸爸刮鬍子的行為。她是這樣寫的：

爸爸拿了一盆熱水，對著鏡子用毛巾把嘴巴周圍打溼，然後擦上肥皂，搓了搓，爸爸的下巴上就布滿了泡沫。好像聖誕老人的白鬍子。爸爸的眼睛斜看著鏡子，上下左右地刮起來，過了一會兒，嘴巴周圍的鬍子刮乾淨了。下巴下面的鬍子怎麼辦呢？只見爸爸噘著嘴巴，仰起頭，伸長脖子，用鏡子照著下巴和脖子連著的地方，眼珠子都斜到眼角下方去了。他就這樣看著鏡子，把刮刀在上面橫著刮，豎著刮，終於把鬍子刮乾淨了。等到他把臉上的泡沫洗乾淨，還愛漂亮地在鏡子前面搖頭晃腦地看了看，左照照，右照照，確定自己有了一個「完美」的下巴，這才滿意地笑了。

這段動作描寫，具體展現爸爸刮鬍子時的專注和仔細，以及後來照鏡子的動作，顯示出爸爸非常注重個人形象、非常愛漂亮的性格。

所以，小朋友們以後寫作文，不要忽略這些細節上的「小動作」，只有細緻入微地刻劃這些「小動作」，才能讓你的文章寫得更精采生動。

(2) 選用準確的動詞

小朋友們聽過「推敲」的故事嗎？

相傳，唐朝的大詩人賈島作了一首詩，其中有一句是「僧敲月下門」，賈島不知道這句詩中的「敲」字用得好，還是應該換成「推」字好，因此他騎在驢背上不停思考，居然不自覺地闖進大官員韓愈的隊裡。韓愈聽了他亂闖的原因，沒有責罰他，反而建議此處應用「敲」字。後來，這首詩成為千古名句，「推敲」的故事也流傳了下來。

只不過是一個小小的動詞，值得付出這麼多的精力來不停思考、推敲嗎？如果小朋友們想要寫出出色的作品，那麼多多老師的回答就是：值得！**準確的動詞能夠傳達出更真切的意境。**

比如說，當小朋友沒考好或在學校受到委屈，心情沉重地走回家時，如果用一個動詞來形容你此刻的腳步，你覺得是「拖著沉重的步伐」好，還是「邁著沉重的步伐」好呢？細心的小朋友肯定知道了，當然用「拖」字更好，它比「邁」字更傳神表現出疲憊的狀態。

你看，只是簡單的一字之差，表達出來的效果可能大不相同。所以，小朋友們在描寫人物動作細節的時候，一定要注意選擇最適合的動詞。

(3) 加入適當的外貌、表情、語言等描寫

在描寫小動作細節的時候，適當加入一些外貌、表情等方面的描寫，會讓你筆下的人物更加鮮活。例如，有位小朋友寫弟弟放鞭炮時的動作，是這樣寫的：

> 他把鞭炮放到地上，身體離得老遠，伸長手臂，一點一點地往前湊。整個臉皺成一團，眉毛全都擠在一起了！伸了半天，他的小手都凍得紅通通了，還打著冷顫。結果，手裡的火柴還沒碰到鞭炮引線，就嚇得扭頭跑了！

這個片段中的一連串動作用了「放到、伸長、湊、打冷顫、跑」等五個動詞，在描繪動作時也加入了表情和手部的外在形象描寫，既具體寫出弟弟第一次放鞭炮的經過，又生動地表現出他膽小、謹慎的性格。

多多老師考考你

❶小朋友，請你從下面的括號中選出最適當的動詞。

「我們現在就去爬吧！」有個孩子叫道。他們就朝一座懸崖飛＿＿＿（跑、走）過去。

……我終於＿＿＿（爬、登）上去了，驚肉跳，盡量往內側靠。其他的孩子慢慢地向岩塊邊緣＿＿＿（移動、走動），我看在眼裡，嚇得幾乎暈倒。

……我慢慢地把身體＿＿＿（移、靠）

……＿＿＿（蹲、站）在凸出的岩塊上，心

利用動作細節來展現人物性格的好方法。

◎把動作細緻地描摹出來。
◎用最準確的動詞來描述人物動作。
◎適當加入一些外貌、表情、語言等描寫。

過去，小心翼翼地伸出左腳去＿＿＿＿＿（探、找）那塊岩石，而且踩到了它。

——節錄自莫頓．杭特（Morton Hunt）〈懸崖上的一課〉（*The Lesson of the Cliff*）

❷請為以下這段文字，加入適當的動作、語言、表情等描寫。

我很緊張，心想：老師，拜託您，千萬別點到我的名字呀！我看著老師，惟恐從他的嘴裡說出我的名字。

＿＿＿＿＿＿＿＿＿＿＿＿＿＿＿＿＿＿＿＿

＿＿＿＿＿＿＿＿＿＿＿＿＿＿＿＿＿＿＿＿

＿＿＿＿＿＿＿＿＿＿＿＿＿＿＿＿＿＿＿＿

** 解答請參見 p.282

用景物折射內心世界

不能說的祕密就讓景物幫你說

重寫作文 **啊哈，抓到犯人了！**

高斯今天有點不對勁！

爸爸、媽媽看著一回到家就表現得過分乖巧的高斯，相視一眼，共同得出了這個結論。

依照高斯的習慣，一回家應該是去打球或者玩遊戲，今天居然不用爸媽催促，就乖乖去房間寫作業了！這不是太陽從西邊出來了嗎？

爸媽輕手輕腳地來到高斯門前，往門縫裡看，看見高斯鬼鬼祟祟地從書包裡拿出一張皺巴巴的紙，一邊看還一邊唸唸有詞：「哼！我還以為李小白寫得多好呢，看來也不過如此嘛！徐老師也真是的，睜一隻眼、閉一隻眼讓我合格就好了，為什麼一定要我重寫？要不然，我也不會出此下策……。」

爸媽聽了高斯有頭沒尾的話更加納悶，索性進房找他問清楚。

沒想到高斯頭搖得跟波浪鼓似的，怎麼樣也不說。後來，還是機智的爸爸猜出了謎底。

原來呀，高斯今天在作文課上又鬧了大笑話，這對高斯來說可真是不小的打擊，然而雪上加霜的是，徐老師不僅要他重寫，還要他向李小白多多學習！看李小白趾高氣揚的樣子，高斯心裡就氣。可是高斯覺得自己確實不會寫，於是，他就趁李小白不注意，把她的作文偷偷「借」來了，打算仿寫一篇，過關再說。

結果還沒開始「做案」，就被爸媽發現了。

爸媽聽了高斯的話，非常無奈，只好拿出他的作文，為他分析寫不好的原因。原來，高斯的作文寫的是爸爸在大雨天接高斯放學的事。其中，有一段是這樣寫的：

從學校出來，外面已經下起了大雨，校門外都是來接孩子的家長。我找了一圈也沒看見爸爸的影子，於是決定自己回家。

走在街邊的小路上，我看見雨水沖刷著樹葉和小草，好像在為它們洗澡一樣。沾過雨水的葉子，綠得發亮，好像還閃著綠光呢！草地上有一隻小狗在雨中奔跑著，身上的毛都被水淋溼了，小尾巴一甩一甩的，滴著水，真好玩！

走著走著，我遠遠看見爸爸向我走來，我跑上前去，一下子撲到爸爸的懷抱裡，覺得大雨一點也不可怕了。

爸媽看完這篇作文，真是哭笑不得。爸爸更是摸著高斯的小腦袋，苦笑著說：「你這個小糊塗蛋！你是想利用這段景物描寫表現自己害怕的心情吧？可是你自己看看，誰害怕的時候還有心情欣賞街邊的綠葉和小狗呢？這一看就與你當時的心情不符合啊！你再看看人家李小白寫的，快樂的時候看到的景色就是美好的、生動的，正好和她的心情吻合。這不就是你應該學習的地方嗎？」

高斯聽了老爸的話，不好意思地笑了起來：「老爸，我知道哪裡有問題了！」

多多老師分析

景物跟人物內心有什麼關係？

就如高斯的爸爸所說，景物描寫可以反映人物內心世界。當一個人覺得害怕的時候，看到的景色是狂風驟雨、閃電雷鳴，或者月黑風高、陰風陣陣；開心時，就連夏天的大太陽都是暖洋洋的，連路邊快被晒死的花草看起來都朝氣蓬勃。所以說，一個人的心理狀態，可以利用他對身邊環境的感覺展現出來。高明的小作者，就會利用景物的描寫來反映人物的內心世界。

高斯聽了老爸的建議後，把自己的作文改得真不錯。現在，讓我們來欣賞一下吧！

從學校出來，外面已經下起了大雨，校門外都是來接孩子的家長。我找了一圈也沒看見爸爸的影子，於是決定自己回家。

天上雷聲轟鳴，夾雜著閃電，玻璃球似的大雨點「乒乒乓乓」地砸在我的傘上，好像都快把傘砸碎了。我膽戰心驚地走在回家的路上，恨不得能一下子飛奔到家。路邊的大樹不停地搖曳著，好像一隻巨大的黑手，我的心裡不禁打起了小鼓，真希望爸媽能來接我回家。我望著前方，眼前一片模糊，就像一片陰森森的樹林，身邊的行人走進去就不見了。我突然不知道該怎麼辦才好了，心跳個不停。

忽然，「樹林」裡走出一個人，離我愈來愈近，我仔細一看竟然是老爸！我的心情一下子就飛揚起來了，趕緊向著爸爸狂奔過去，耳邊的雨聲此刻聽起來就跟美妙的音樂一樣！

Tip 利用景物表露心境時，要注意什麼？

(1) 景物描寫要符合人物心境

在人物描寫作文中，**景物描寫是為了襯托人物的心情，表現內心世界。**所以，這些景物描寫一定要符合人物的心境。

有很多小朋友在寫作文的時候忽略了這一點。多多老師就曾經遇到一位小朋友，在一次非常不理想的考試之後，寫出了這樣的景色：

放學了，我懷著膽戰心驚的心情走出學校大門。外面車水馬龍，真熱鬧啊！我慢慢地走在人行道上，欣賞著美麗的風景。櫻花長出了嫩芽，像是在對我說：「春天來了！春天來了！」這時，小草才剛剛長出來，可是一隻小狗「汪汪」地從草地上走過。我想：小草才剛長出嫩芽，要是把它踩疼了怎麼辦？於是，我生氣地喊：「小狗！走開！不要把小草給踩疼了！」小狗嚇壞了，趕緊從草地上離開。這時，風一吹，小草就擺動著身子，好像在對我說：「謝謝！謝謝！」

小朋友，從上面這段文章，你能看出主角失落、沮喪又害怕的心理嗎？答案當然是不能！如果一個人是在垂頭喪氣的情況下，還有什麼心情去管小草會不會被踩疼呢？這位小朋友犯的錯誤，就是寫景不符合人物心境，結果作文的氣氛前後矛盾。

(2) 景物必須符合實際狀況

曾經我見過一位小朋友這樣寫：

蔚藍的天空中，萬里無雲，手掌大的雪花紛紛揚揚地撒落下來。狂風怒吼著，把路邊的電線桿都颳倒了。我一個人走在回家的路上，心裡真是難過極了！

的確，這位小朋友聽老師的話，要把景物描寫和人物心理結合起來。

可是仔細一想，這樣的描寫實在太假了。為什麼這麼說呢？

小朋友可能已經猜到答案：既然是萬里無雲的大晴天，怎麼會下雪呢？即使是再大的暴雪，雪花也不可能會有手掌那麼大吧？既然狂風都把電線桿颳倒了，一個十幾歲的小朋友不會被吹到天上去嗎？父母怎麼可能讓他出門呢？

所以，這位小作者寫的景物明顯不符合實際，鬧了個大笑話。

(3) 加入適當修辭更精采

恰當的修辭手法可以使你的文章更加生動、具體、有文采。尤其是在寫景的時候，加入譬喻、擬人等修辭，能使你的文章增添亮眼之處。

你看，下面這位小朋友，景色描寫就很出色：

媽媽拉著我的手，走在鄉間的小路上。月亮像個害羞的女孩，羞答答地從後山露出半個臉，偷偷地向人間窺視，直到發現沒有什麼動靜，才一閃身，出現在天空中。它晶瑩純淨，像個水晶球，美極了；它清輝四射，像一盞明燈，亮極了。

這一段對月亮的描寫，生動有趣，充分傳達了「我」和媽媽在月下散步時開心快樂的心情，這些都是擬人手法的功勞喔！

多多老師考考你

小朋友，當你們難過的時候，在上學或放學路上看到的景色是什麼樣的呢？動動腦筋想一想，寫出來和爸媽分享一下吧！

招式 12

笑法千百種

利用不同的「笑」表現人物特色

今天的作文課氣氛完全不同，課堂上自始至終充滿歡笑聲，連一向嚴肅的徐老師，也忍不住開懷大笑起來了。

這是怎麼回事呢？

原來，今天一上課，徐老師就眉開眼笑地宣布了一個好消息——這節課改成活動課，大家一起玩遊戲！

抽卡猜謎　猜猜看，這是哪種「笑」？

接著，徐老師拿出一疊卡片，宣布遊戲規則：「全班同學分成三組，每一組選出兩個代表參加比賽。比賽內容是『利用笑法猜出性格』。老師已經把各種千奇百怪的『笑法』寫在卡片上，一位同學表演，另一位同學猜。當然，不僅要猜出卡片上的內容，還要說出經常這樣笑的人應該是怎麼樣的個性。例如，如果抽到『憨笑』的卡片，猜的同學還要補充，經常這樣笑的人一定很憨厚、老實。」

聽了徐老師說的遊戲規則，大家都躍躍欲試！

合作無間的「搗蛋二人組」高斯和英格力，理所當然被選為他們那組的代表。

遊戲開始了，高斯來模仿，英格力來猜。高斯抽到一張「奸笑」的卡片，他開始表演了：眼睛瞇成了一條縫，眼珠不停地閃著，透露出一股奸詐。還用右手比成一個「八」的手勢，捏著自己的下巴，嘴巴緊抿著，左邊的嘴角向上斜著，發出「嘿嘿嘿嘿……哈哈哈哈」的怪笑聲。

同學們忍著笑，緊張地看著英格力，覺得他大概很難猜出這個笑容是哪一種。沒想到英格力一拍胸脯，自信滿滿回答：「奸笑。經常這樣笑的人一定很奸詐。」

高斯又抽到一張「豪放笑」的卡片，接著他仰起頭，兩腿稍稍站開，兩手扠腰，對著天花板哈哈大笑，英格力瞇著小眼睛想了一下，毫不猶豫地說：「豪放笑。經常這樣笑的人一定很豪放。」

……

哇，高斯和英格力真不愧是好搭檔，他們兩人配合得天衣無縫，連續答對了好幾張卡片。太神奇了！

遊戲最後，徐老師總結：「讓大家玩這個『利用笑法猜性格』的遊戲，是想告訴大家：不同的笑可以展現不同人物的性格。大家今後在寫作文時，一定要學會用『笑』來展現人物的個性。」

KING

多多老師分析

不同個性的人，笑起來也大不相同

還記得前面說過眼睛會「說話」嗎？其實，人的笑容和眼睛一樣，也是可以「說話」的！透過一個人的笑臉，你就可以看出這個人的性格是活潑開朗，還是含蓄羞澀，或是豪爽大方。例如：

老婆婆微笑起來，幾縷銀絲輕飄，滿臉的皺紋堆疊起來，簡直像一朵菊花綻放到老婆婆臉上，脣角眉梢都帶著慈祥的笑意，是那麼優美而熟悉。

從上面簡單幾句對老婆婆笑容的描寫，小朋友就可以看出這是一位慈祥和藹的婆婆，透過她的笑容，我們可以感受到她快樂的心情，並能從中感受到很多溫暖。

不同的人的笑容，帶給我們的感受是不相同的。你看，英格力筆下高斯的笑容，居然會讓你覺得「發毛」呢！

你看他的單眼皮，此時疊成了好幾層。瞇著的眼角拉長像兩條小魚。他的嘴角斜翹著，都要到耳根後面去了。本來很可愛的酒窩，也被他「變態」的笑容擠跑了。

每次看到高斯臉上出現這樣的笑容，我就知道沒好事，肯定又要威脅我做我不願意做的事。果然，他要我忍痛把新買的漫畫先給他看兩天，否則就要剝奪我吃零食的權利！好吧，我忍了！

不過，高斯的臉上的笑容並不總是陰險的，偶爾也會有「正常」一點的。比如上次寫作文，他意外地受到徐老師的表揚。高斯開心極了！直到下午放學，大嘴還笑著，就差流口水了。他臉上的笑容燦爛得像一朵薔薇花，眼睛都笑彎了，像兩個括號一樣。

不愧是高斯啊，連開心時的笑容都那麼獨特。不過，這段描寫確實把高斯平時的機靈中帶著狡猾的性格特質都展現出來了。

Tip 描繪「笑」的三個重點

(1) 笑的方式要符合人物個性

不同的人，性格特質是不一樣的。如果要描寫出合適的笑容，就一定要符合人物的個性。

例如：文靜內向的人，笑容一定是柔和的，笑聲也是輕輕的；性格豪邁的人，笑起來總是把嘴巴張得大大的，爽朗的笑聲能傳很遠；小孩子笑起來，笑聲清脆動人，像銀鈴一般；老奶奶笑起來，眼睛都瞇在一起，臉上的皺紋都堆在一起，笑聲還可能有些嘶啞……。

不同人物的笑，要和性格特質結合，才能使文章顯得真實、生動、有趣。

(2) 從外貌、表情、聲音、動作、語言著手

我們在笑的時候，眼睛、眉毛、鼻子、嘴巴、喉嚨都會跟著動；有人笑的時候喜歡摀著嘴笑；有人喜歡扠著腰笑；還有人笑起來會跺腳、拍胸脯；還有的人邊笑邊上氣不接下氣地說話……。

這些不同的方式，不僅包括外貌、表情、聲音等方面，還有動作和所說的話。小朋友們可以從這幾方面進行描寫，使人物形象更加豐富，個性更加鮮明。

(3) 結合人物情感和心態

人們在笑的時候，並不一定都是開心，也可能是苦笑、故作堅強、強顏歡笑。

我們可能遇過這種情況：媽媽生病了，卻「笑」著對我們說「沒關係，媽媽一點也不痛

苦」。其實，這裡的「笑」是媽媽為了安慰孩子而強顏歡笑，展現母愛。小朋友們在描寫笑容時，**記得結合人物的情感和心態。**

多多老師考考你

描寫笑容的方法有這麼多，請你動動腦筋，根據不同人物的特質，把下面這些句子「加油添醋」，更仔細地描寫不同的笑容。

❶ 老奶奶看著小孫女吃得香噴噴的，臉上露出了慈祥的笑容。

你的改寫：

描寫「笑」的三大重點。

◎笑的方式要符合人物個性。
◎從外貌、表情、聲音、動作、語言著手。
◎結合人物情感和心態。

❷小紅看著考卷上鮮紅的一百分，甜甜地笑了。

你的改寫：

❸「謝謝你啊，醫生！我媽的病總算治好了！」一個大叔拍著醫生的肩膀，爽朗地笑著。

你的改寫：

**解答請參見p.282

招式13

哭法大不同

利用相異的「哭」展現人物特色

寶貝表弟 瞬間「變臉」的小天才

高斯的小表弟牛牛今年三歲了，是全家人的小寶貝。誰也不忍心罵他一句、打他一下。因為這位「小寶貝」一哭起來，眼淚就像不要錢似的，恨不得能像洪水淹了龍王廟那樣「驚天地，泣鬼神」。但是，一旦滿足了他的要求，那些眼淚就能神奇地收回去，好像剛才什麼事都沒發生一樣，露出甜甜的笑容。

因此，高斯幫牛牛取的封號就是——超級會「哭」的小天才。不過，雖然別人都不敢招惹這個小霸王，高斯卻對牛牛的快速「變臉」有了濃厚興趣，總是忍不住逗他，讓他「哭」兩聲。

今天早上，和高斯待在一起的牛牛又發出了鬼哭狼嚎的哭聲，大家跑過來一看，高斯正拿著洋芋片逗牛牛呢！牛牛揮來揮去碰不著，哇哇大哭起來。全家立刻向高斯「開火」了，但是高斯卻還聲稱是徐老師要求的。這是怎麼回事呢？

原來，徐老師要大家寫一小段作文，描寫一個人「哭」的樣子，高斯就把歪腦筋動到牛牛身上，於是才有了剛才那一幕。

全家人一聽，覺得又好氣又好笑，只好罰高斯把他觀察到的牛牛哭臉描述給大家聽。要是他說得好就不追究，要是不好的話，哼哼……。

高斯一聽，趕緊說出自己即興創作的文章：

牛牛是我的小表弟，他特別愛哭。剛才我拿洋芋片逗他，不給他吃，他就哇哇大哭起來。等我把洋芋片給他之後，他才滿意，眼淚一下子就沒了。你看，我的表弟多好玩啊！

聽了高斯的描述，爸爸首先澆他冷水：「觀察一點都不仔細，不合格！」

姑姑附和一句：「沒有說出我們小寶貝的特色，不合格！」

最後，爺爺宣布：「去書房把這篇作文寫好，要不然不准出來！」

高斯一聽傻了眼，不死心地問：「那我能讓他再哭一次嗎？」

「休想！」大家異口同聲地說。

好
運
洋芋片
KING

多多老師分析

為什麼高斯的描寫失敗了？

小朋友，你們知道高斯口述的作文為什麼遭到大家一致批評嗎？就是因為他的描寫不具體、不生動，更重要的是沒有表現出牛牛的性格特質。透過前面的介紹，我們知道牛牛是一個很機靈的小孩，知道利用自己的眼淚攻勢來博取大人的同情，是個有點狡猾的小傢伙。但是在高斯的口述中，並沒有描繪出牛牛哭泣時的表情，也就沒能表現出牛牛的性格特質，給人的感覺既無趣又呆板。

好在他能及時醒悟，改了過來，我們看看他修改後的作文怎麼樣吧！

我的表弟叫牛牛，是一個超級會「哭」的天才。為什麼這麼說呢？因為經過我仔細觀察，他每次的眼淚來得快，去得也快，經常藉著哭聲來讓身邊的大人滿足他的要求。

比如剛才，我故意拿著洋芋片在他眼前晃，就是不給他吃，他急得不得了！他的小嘴開始往兩邊撇，紅潤的小嘴脣高高地嘟著，都快能掛一個小水壺了！鼻子一抽一抽的，好像在醞釀情緒。最厲害的還是他的眼睛，短時間內迅速冒出了淚珠，剛開始還在眼眶裡轉，好像花瓣上一碰就會掉的露珠。眨眼間已經連成串，滾落在臉龐上了。情緒醞釀完畢，他終於張開小嘴，扯開自己的大嗓門嚎啕大哭了起來，我都能看到他的喉嚨了！

牛牛的哭聲引來了爺爺奶奶他們的圍觀，牛牛一看「靠山」來了，哭得更激烈，最後索性躺在地上打滾！只見他揮舞著短短的小手臂和小腿，在地上游起了泳。

最後，我終於受不了他的噪音和周圍虎視眈眈的眼神，只好把洋芋片給他。結果就見他剛才還淚眼婆娑的小眼睛，滿足地瞇了起來，眼睛裡的淚水戛然而止，比水龍頭還靈敏！鼻子紅通通的，一聳一聳地抖動著，真是好玩極了！

現在我可知道，為什麼大家都把他當寶貝了！

你看，修改後的作文多生動呀，把牛牛機靈、狡猾的形象表現得淋漓盡致，充滿趣味。

Tip 影響「哭」的兩個關鍵

(1) 不同個性有不同哭法

因為每個人的性格不同，所以每個人流淚時的表現也不相同。

例如：性格爽朗的人，哭的時候可能會驚天動地，哭聲震天；性格安靜的人，可能只是默默流淚；性格堅強的人，可能是紅了眼眶……。

然而，很多小朋友在寫人物哭泣的情景時，會忽略人物本身的特質，結果寫出來的作文讓人啼笑皆非。多多老師曾經見過這樣一篇作文，寫到一個剛滿周歲的嬰兒，哭起來「眼圈紅紅的，淚珠兒含在眼睛裡，小嘴嘟著，沒有發出任何聲音」。

說實話，多多老師見過哭起來三條巷子的人都能聽到的嚎啕大哭的嬰兒，卻從沒見過自己躲起來默默流淚的剛滿周歲的嬰兒。很顯然，這段描寫並沒有抓住嬰兒的特質。

所以，小朋友在寫人物的「哭」的時候，一定要根據人物本身的性格特質來寫。

(2) 不同狀況也有不同哭法

就算是同一個人，在不同的情景裡，哭的表現並不相同。

例如，當一個小朋友得不到心愛的玩具，可能會是就地打滾式的嚎哭；但如果是因為自己犯了錯而受到責備時，可能是愧疚地小聲哭泣；如果是因為考試沒考好而傷心難過，也許他會偷偷躲起來一個人掉眼淚……。

小朋友們要做的就是**抓住這些細微的區別，選擇適合的場景，把不同的「哭」最傳神地表現出來。**

多多老師考考你

請小朋友根據自己平時的經歷和觀察，發揮想像力，繼續寫完以下這段文章吧！記得要抓住人物的特質來寫喔！

「嗚嗚嗚……」一陣陣哭聲傳入我的耳朵。我一看，一個兩眼腫得紅紅的、淚眼汪汪的小女孩，在圖書館的兒童區正哭得停不下來。

只見她＿＿＿＿＿＿＿＿＿＿＿＿＿＿＿＿＿＿＿＿

＿＿＿＿＿＿＿＿＿＿＿＿＿＿＿＿＿＿＿＿＿＿＿＿

＿＿＿＿＿＿＿＿＿＿＿＿＿＿＿＿＿＿＿＿＿＿＿＿

＿＿＿＿＿＿＿＿＿＿＿＿＿＿＿＿＿＿＿＿＿＿＿＿

**解答請參見p.282

◎不同個性的人，哭的方式有所差異。

◎同一個人在不同情境中，哭的表現也會不同。

記事敘述篇

教你把一件事說得動聽不離題

Q版漫畫學妙招

敘事引人入勝的關鍵

情節必須合理

汽車飛馳而來，高斯還有時間去想「超級英雄的勇氣」嗎？這個情節顯然不合情理。你的作文即使寫得再精采，但情節是虛構或誇張的，這樣也是不合格。

一輛大汽車呼嘯著向小朋友奔馳而來，高斯想到超級英雄捨己救人的勇氣，飛快地把小朋友拉到路邊。

分清楚主要和次要情節

寫一件事情時，裡面有時會涉及多個人物。在這種情況下，有關主要人物的情節要詳細寫，有關次要人物的情節要略寫。

作文題目是〈媽媽幫我刷鞋〉，結果小作者卻花很多篇幅寫自己幫媽媽找洗衣粉，顯然這樣的情節安排不恰當。

選擇有意義的題材

同樣的題目〈記星期天的一件事〉，有兩個題材：一個是打電動，一個是陪爺爺散步。你覺得選擇哪個題材好？當然是選擇有意義的題材來寫。

✓

高斯陪
爺爺散步

✗

星期天
打電動

寫出自己的觀點

寫記敘文時，一定要表達出自己的觀點和態度，這樣才能讓主題更深刻。

重點1 情節敘述要合理

真實的人物和情節才能打動人心

上學途中 大英雄救小孩

徐老師板著臉站在講臺上，狠狠瞪著高斯。接著，她揚了揚手裡的作文簿，幾乎是擠牙膏般從嘴裡擠出這幾句話：「這次的作文，高斯寫得最特別，寫的是他在上學途中英勇拯救小女孩的事情。我們大家一起來欣賞欣賞高斯的文章。」

英格力小聲地說：「我天天跟高斯一起上學，他什麼時候救小孩了？我怎麼不知道？」

徐老師沒有理會英格力的話，把高斯的作文抽出來，意味深長地看了高斯一眼，清了清嗓子，唸了起來：

今天早上，我獨自一人走在冷冷清清的街道上，冒著寒風去上學。就在我轉彎的時候，忽然看見有一個五、六歲的小女孩衝出了馬路，她的媽媽在後面緊緊追趕著。眼看這個小女孩就要衝過馬路，一輛大卡車飛馳過來，快要撞到小女孩了！

這時，我的頭腦中想起超級英雄的勇敢形象，想起他們捨己救人的精神。於是，我趕緊向小女孩衝過去，就在卡車即將撞上她的時候，把她抱開了。

路人圍上來，不停讚美我真是一個勇敢善良的好少年！我聽到大家的讚美，耳朵都紅了，雖然上學遲到了，但是我心裡覺得很得意。

唸完作文，徐老師問大家：「同學們，聽了高斯的作文，你們有什麼感受？」

「高斯寫得很好啊！這件事也很有意義，救人一命，勝造七級浮屠啊！」「大喇叭」李悅擠眉弄眼地說。

「是呀，我也覺得高斯寫得很好！」

……

一時之間，同學們紛紛開始讚美高斯，高斯也很得意，好像他真的成了大英雄！

徐老師皺了皺眉頭：「高斯，我來問你，既然卡車是向小女孩『飛馳』過去的，在這短短的時間裡，你還有工夫想那些超級英雄嗎？既然剛開始的街上是『冷冷清清』，那圍觀你的人群是從哪裡冒出來的呢？」

聽了徐老師的話，高斯面紅耳赤地張了張嘴，最後還是無法回答徐老師的問題，只能小聲地承認：「這篇作文是我誇張了一點……其實，不是大卡車，只是一輛小小的舊自行車，速度也不快，離得還很遠……我就是覺得這樣寫可能更精采一些……。」

同學們聽了高斯的話，哈哈大笑起來。

這時，徐老師語氣和緩了一些，語重心長地說：「高斯，老師知道你的本意是好的。是想把情節寫得精采一些，吸引大家閱讀的興趣。但是，精采的情節是來自於生活的，一定要符合生活實際，不能無限地誇張啊。否則的話，跟撒謊有什麼不一樣呢？」

一向臉皮比較厚的高斯，聽了徐老師的話，此刻也不好意思起來。他有些靦腆地說道：「徐老師，我知道自己錯在哪裡了，我一定重寫一篇真實的作文。」

多多老師分析

平凡小事也能吸引人

很多小朋友在敘述情節的時候，喜歡誇大其詞、虛張聲勢，甚至隨便捏造，覺得這樣寫出來的作文才會吸引人。但是，他們在虛構情節的時候，卻忽略了一點：作文是來自於生活的。

高斯的作文就是一個活生生的例子。

其實，**愈真實的情節，愈能吸引讀者的目光，因為作文是作者和讀者用心交流的管道。虛假的情節，就像是虛偽的謊言，無論是誰都不會喜歡。**

高明的作者，會用平凡的小事打動別人，而不是靠誇張虛構的情節。例如下面這個讓座的真實情節，就非常感人。

下午放學後，我背著沉沉的書包上了公車，車上的人好多。今天我有些感冒，加上吃了些感冒藥的緣故，感覺又睏又想睡，迷迷糊糊靠著車上扶手。車上的人愈來愈多，而我家還很遠。我心裡想著：「能有個座位就好了。」但車上的人一直不減，偶爾有人下車，座位也被別人搶了。

這時有人拍了拍我的手臂，我睜眼一看是位老爺爺。他說：「小朋友，你是不是生病了？爺爺看你很不舒服，你坐我這個座位吧。」

我看老爺爺年紀很大，還拄著拐杖呢！急忙說：「沒有沒有，老爺爺您坐吧。」

但老爺爺非常堅持：「我看出來了，你絕對生病了，趕快坐下，我快下車了！」

記敘篇 重點1 情節敘述要合理

我還想推辭，誰知老爺爺起身，把我拉到座位上，說：「我下一站就下車了，你生病了就先坐吧。現在小孩子真辛苦，背這麼重的書包還得站這麼久。」說著，他朝車門走去。

我趕緊謝謝老爺爺，坐在那裡，沒一會兒就睡著了。過了不知道多久，我才睡醒。這時我驚奇地發現，那位老爺爺才剛剛下車！

老爺爺竟然為了我說了一個善意的謊言，並且站了好幾站。那一刻，我感到十分愧疚，又無限感動。不知道姓名的老爺爺，我祝福他健康長壽！

同樣是讓座，很多小朋友不是虛構出自己讓座給長輩，就是叔叔阿姨哥哥姊姊讓座的情節。殊不知，一位善良的老人讓座給小朋友，更是一件非常感人的事情。小作者巧妙敘述這個簡單的情節，傳達了另一種溫暖。

Tip 掌握兩大方向，避免不合邏輯

(1) 要符合人物特質，不要誇大事實

曾經有位小朋友，寫了一篇關於清潔工婆婆的作文，有一段這樣描寫：

只見她佝僂著身體，不停在垃圾堆裡翻撿。垃圾桶裡全是剩飯剩菜、餐盒、塑膠袋、菸蒂、酒瓶、汽水罐等等，一陣陣惡臭熏得人們遠遠繞開。但是老婆婆卻好像沒聞到一樣，熟練地把塑膠瓶、硬紙板之類的垃圾扔在她身旁另一個袋子裡。她的臉被熱辣辣的陽光晒成了古銅色，汗水順著額角往下流，把兩鬢花白的頭髮都糊在了臉上。身上的清潔工制服早被汗水浸透了，但是她還是不停地彎腰，清理著臭氣熏天的垃圾桶。

忽然，她撿到了個看上去還算乾淨的飯盒，裡面裝著剩一半的烤鴨。老婆婆湊上去聞了聞，接著大口大口地吃了起來……。

這段對清潔工婆婆的描述，非常的細緻、具體，看得出來小作者花了很多工夫觀察。但是，後面老婆婆吃垃圾桶裡找到的烤鴨情節，明顯不合理。清潔工人不是流浪漢，他們是有工作、有收入的。雖然他們負責清理垃圾桶，整理資源回收，但是不可能會吃垃圾桶裡的食物。

小作者想要表達的是對老婆婆辛苦工作的讚美，但是「過猶不及」，只顧著誇張事實，卻沒有抓住人物本身的特質，變成畫蛇添足。

(2) 要符合實際生活，不要亂編情節

很多小朋友的作文素材都是自己虛構出來的，完全靠自己的想像自由發揮，這樣難免不符合實際。

曾經有一位小朋友，寫到媽媽關心自己的情節：

為了讓我健康成長，媽媽每天都精心地為我準備食物。雖然我們家並不富裕，但是每頓飯我都能吃到美味的鮑魚、魚翅和燕窩，還有熱氣騰騰的雞蛋麵。媽媽知道我挑食，所以每次都會細心地在盤子上擺上精心雕刻的蘿蔔花。每天，當我踏進家門的那一瞬間，聞到溫暖的雞蛋麵的香味，眼睛都不由自主地溼潤了……。

這位小朋友的描寫，就讓大家覺得啼笑皆非。既然家庭不是很富裕，媽媽怎麼會每頓飯都能讓「我」吃到昂貴的燕窩、魚翅等奢侈品呢？更何況，即使再愛吃雞蛋麵的人，也不會每天三餐都吃雞蛋麵吧？媽媽上班那麼忙碌，哪有時間在盤子上擺精心雕刻的蘿蔔花呢？還有一點就是，哪個小朋友會在每次吃飯的時候都先感動地哭一哭呢？

這些自相矛盾的現象是因為隨便捏造，導致情節不符合實際，而這樣的文章也只能當成一則笑話來看了。

多多老師考考你

親愛的小朋友們，用你們的「火眼金睛」，看一看下面的這段文章合乎情理嗎？如果覺得不合理，說出你的理由吧！

在一個陽光明媚的清晨，我和我的好朋友騎車去公園玩。剛騎到半路，他的輪胎就漏氣了。我們下車一檢查，原來是氣嘴壞了。於是，我就把我的輪胎氣嘴拔下來，安裝在他的自行車上。然後，我們就騎上車，高高興興地去公園了。

**解答請參見p.283

◎要符合人物特質，不能誇大事實。
◎要符合實際生活，不要亂編情節。

敘事要詳略得當

重要的詳細寫，次要的大略交代

我和爸媽及飛蛾 重點到底是什麼？

今天一大早，英格力興高采烈地來找高斯一起去上學。高斯睡眼惺忪地看著英格力，覺得這傢伙與平時的狀態不太一樣，興奮得臉都紅了。

經過一番逼問，高斯才知道原因。原來一向對寫作文不感興趣的英格力，這次居然一改「三句半」的風格，寫出了完整、字句通順而且篇幅還很長的作文，英格力自己都好興奮。高斯也替他高興，等不及先拿來鑑賞一番，只見英格力的作文是這樣寫的：

老爸大戰飛蛾

今天晚上，我洗完澡，吃了一個蘋果和一個香蕉，然後坐在書桌前準備寫作業。這時，一隻大飛蛾飛了過來。牠一會兒落在燈罩上，一會兒落在我手臂上，一會兒又跑到我眼前亂飛。於是，我喊媽媽過來把這隻飛蛾抓住。可是媽媽當時正在洗碗，根本沒時間替我抓飛蛾。等了一會兒，媽媽把碗洗完了，於是就跑來幫我抓飛蛾，但是抓了半天也沒抓到。我只好跑去向正在看報紙的爸爸求救。

爸爸一聽這隻飛蛾這麼可惡，二話不說，放下報紙就拿起了電蚊拍，跟我走到房間。看到這隻大飛蛾之後，他揮動著手裡的電蚊拍，一下就把飛蛾電死了！

這時，屋裡終於安靜了，我寫起作業來。

看完作文，高斯勉強開口問：「英格力，你這篇作文是要寫什麼呀？」

英格力看到高斯的反應，心想大事不妙，於是用低低的聲音回答：「寫我老爸幫我抓飛蛾的事啊……。」

高斯一聽，實在忍不住了，跳起來火冒三丈地喊：「既然是寫你老爸抓飛蛾，為什麼還要寫你洗澡、寫作業、媽媽洗碗、爸爸看報紙這些無關緊要的事啊！為什麼全文你只用了兩句話寫老爸抓飛蛾的事？這件事是重點，才應該詳細寫嘛！」

停了停，高斯繼續說：「你的作文是該詳細寫的不詳細寫，不該詳細寫的倒是說了一大堆廢話，我看題目乾脆改成〈我和爸爸媽媽以及飛蛾〉好了！」

「啊？不會吧！」英格力聽了高斯的話，一瞬間垂頭喪氣。

作文

多多老師分析

為什麼文章會寫成「流水帳」？

唉，難得英格力這次寫作文沒煩惱，而且寫的篇幅也很長，他心裡正得意洋洋，卻被高斯潑冷水，真是個小可憐。

但是，這次高斯並沒有冤枉英格力，因為他的作文確實犯了詳細和簡略描寫分配不恰當的缺點，這是作文的大忌啊！

小朋友，相信老師們早已跟你重複強調過：**詳略得當對寫出一篇好作文來說，是非常重要的**，否則就會寫成平平淡淡的流水帳。就像英格力這樣：明明要寫爸爸大戰飛蛾的事情，結果卻寫了一堆「題外話」，正題反而只用「看到這隻大飛蛾之後，他（爸爸）揮動著手裡的電蚊拍，一下就把飛蛾電死了」這一句話帶過。看上去沒有主要和次要的分別，沒有重點，讓人覺得莫名其妙，難怪連高斯都看不下去了。

對於寫作一向糊裡糊塗的高斯，這次難得機靈，在他的幫助下，英格力重新修改作文，還真是一篇佳作呢！

老爸大戰飛蛾

最近，我們家時常有一些討厭的不速之客——飛蛾。牠們總是在我寫作業的時候打擾我，而且還很固執，一隻被電死了，另一隻又飛來了。

現在又有一隻大飛蛾圍著我的檯燈亂飛了。為此，老爸決定親自出馬殺了那隻飛蛾。

但飛蛾先生並不是那麼好對付的。你看牠愜意地趴在燈罩上，好像在享受「陽光」。老爸手拿電蚊拍，輕手輕腳向牠走去。飛蛾好像在大老遠也聞到了「危險」的味道，馬上拍著翅膀飛走了，害得老爸只能緊跟著牠來回跑。不過，這隻飛蛾真夠聰明，老爸往東，牠偏往西，來來回回，我和媽媽都看得眼花繚亂。

後來老爸跑累了，倒在椅子上喘氣。想不到這隻飛蛾竟然飛過來「挑釁」！牠揮舞灰色的小翅膀，在老爸眼前扭屁股，好像在說：「有本事你就來抓我呀！」老爸一看，火氣更大了，只好接著追趕牠。好幾次，老爸差點拍到牠，卻都被牠逃走。老爸忍無可忍，丟掉電蚊拍，開始徒手抓牠，一邊抓一邊說：「我就不信抓不到你！」

最後，小小的飛蛾終於累了，身手漸漸遲鈍下來，停在天花板上。老爸怎麼可能輕易放過牠？只見老爸彎著腰，站在我的小床上，以迅雷不及掩耳之勢，用雙手死死地扣住了大飛蛾。
於是，大飛蛾落網，這場「人蛾大戰」最終由老爸獲得全面勝利！

英格力吸取了先前的教訓，主要寫老爸和飛蛾「作戰」的情景。你看，他詳寫了老爸抓飛蛾的過程，一人一飛蛾，一個跑一個追，對戰過程精采刺激！讓讀者一下子就被這鮮活的場景描寫吸引了！而對那些不重要的事情，比如抓飛蛾的原因和結果，只一筆帶過。這篇作文中詳略得當的布局，使得文章主次分明，引人入勝。

Tip 寫作詳略得當的三大步驟

(1) 根據作文題目確定重點

作文的重點當然是應該要詳寫的部分。確定重點的方法之一，就是看作文題目。比如像英格力的作文〈老爸大戰飛蛾〉，顧名思義，重點要放在老爸大戰飛蛾的過程。例如，老爸在抓飛蛾的過程中遇到了什麼困難，老爸的反應是怎樣的，最後採用了什麼辦法抓到飛蛾，這些都是在抓飛蛾過程中應該凸顯的重點。如果題目為〈奶奶為我洗拖鞋〉，那麼重點就要放在洗拖鞋這件事上，應該詳寫的就是奶奶洗拖鞋的過程。

總之，根據作文題目，可以確定文章的重點是什麼，而要凸顯這個重點，就要詳細寫出過程，其他的次要內容簡略帶過即可。

(2) 主要人物詳寫，次要人物略寫

有的時候，在我們的文章中出現不只一個人物，那麼在詳略的安排上就要區分主次了。作文的「主角」要詳細寫，「配角」就大略寫。

其實，**寫作文和拍電影一樣，「主角」要用很多的「特寫鏡頭」和各式各樣的事件來凸顯，而對於那些配合演出的「配角」，就可以簡略描述。**

比如上面那篇修改之後的〈老爸大戰飛蛾〉，老爸就是主要人物，所以用了很多字句來寫老爸；而「我」和媽媽就是「配角」，所以只是少數幾筆，簡單帶過。

分清「主角」和「配角」，「主角」要詳細，「配角」要簡略——這就是如何安排詳略的重要原則之一。

(3) 事件的過程詳寫，原因和結果略寫

人物的性格特質，時常是從事情的發展經過中展現出來的，而從中顯現出的這項特質也是文章重點所在。所以，事情的經過要詳寫，而發生的原因和結果要略寫。

例如，〈老爸大戰飛蛾〉這篇作文，老爸要抓飛蛾的原因很簡單，因為飛蛾打擾「我」的學習，結果則是老爸抓住大飛蛾，文中這兩部分都是略寫。但是，對於老爸抓飛蛾的過程，卻運用了大量筆墨來描述，因此我們看到老爸的堅持，同時也能體會到他對兒子的關心和愛護——拚命抓住飛蛾，給孩子一個良好的學習環境，這就是文章的中心主旨。

◎根據作文題目確定重點。
◎主要人物詳寫，次要人物略寫。
◎事件的過程詳寫，原因和結果略寫。

多多老師考考你

親愛的小朋友，如果給你以下這篇作文架構，你會怎麼安排實際寫作時的詳略分配呢？趕快來試試身手吧！

＊題目：助人為樂的好朋友——徐麗

＊起因：鄰居王奶奶自己一個人住，有一天，下樓買菜時不慎滑倒，被徐麗遇到。

＊經過：徐麗擠出閒暇時間，三年如一日地替王奶奶買菜。期間，被爸媽阻攔，徐麗說服了他們。

＊結果：媽媽主動接過徐麗手中的菜籃，替徐麗買菜。

選擇有意義的書寫題材

讓文章為讀者帶來成長與感動

題材二選一 唉呀，掉進陷阱了！

「徐老師是愈來愈壞了！」吃晚餐時，高斯忽然冒出這句話。爸媽看著高斯氣呼呼的表情，彼此交流了一下眼神，有默契地達成共識——高斯肯定又在作文課上被徐老師批評了！

事情是這樣的：

上一節作文課上，徐老師出了題目〈記發生在星期天的一件事〉，老師還非常好心地幫大家找了兩個題材當範例，分別是「陪爺爺散步」和「打電動」。

高斯一聽徐老師的要求，他開心極了：「哈哈，還可以二選一？這不是正好符合本大俠的胃口嗎？陪爺爺散步有什麼意思！我當然是要選打電動，這是我的強項啊！」

於是，高大俠仗著自己在「電動界」的小小成就，寫了一篇洋洋灑灑一千字的作文，文中還用到了許多遊戲中的「專業術語」，以顯示自己熟練的電動技術，結尾還特意強調自己對電動的癡迷。

寫完之後，高斯洋洋得意把作文交給徐老師，以為這次自己肯定能擺脫「作文笑話」的印象。但是他萬萬沒想到，在今天的作文課上，卻被徐老師狠狠批評了一頓！因為全班只有一個人選擇寫星期天打電動——這個人就是高斯！

起初，高斯還很不服氣：「我覺得我的作文寫得很好呀，寫了足足有一千字呢！」

徐老師見高斯還不服氣，語重心長地說出這次讓大家選擇題材的目的：「其實，作文寫得好不好，不在字數多少，而是選材是否恰當——要選擇有意義的事情來寫。

「很多同學選擇了沒有意義的題材，導致自己的作文主題也沒有意義，這樣的作文是沒有價值的。我之所以出了兩個題材，就是希望大家學會選擇有意義的題材來寫。

「陪爺爺散步，展現的是濃厚的祖孫情。而高斯你寫的作文，星期天一直在打電動，既不好好休息，也不好好寫作業，這表現出的人物風貌是懶散、貪玩。這兩種表現，你認為哪一種更有意義呢？」

高斯聽了徐老師的話，終於明白了老師的用意。原來徐老師早知道會有人選錯題材，所以才想到這個方法來引導大家！由此看來，徐老師真的很狡猾，她是故意挖「陷阱」等著高斯往裡面跳呢！

不過，由徐老師的這個「陷阱」，高斯也學到了一個寫好作文的訣竅——選擇事例時，一定要選擇有意義的來寫。

多多老師分析

什麼是有意義的事情？

在選擇題材的時候，同學們首先要有觀念：**文章是寫給別人看的，如果別人看了得不到啟發和成長，這篇文章就不值得看。**

那麼，究竟要怎樣找出有意義的事情呢？這就需要同學們多多觀察生活，從中發現有意義的事情，把自己接受到的感動，或者得到的啟發和教育寫出來，這樣的作文一般都是有價值、有意義的。

比如，下面這篇文章，就是一篇很好的範文：

一個有意義的星期天

星期天的早晨，我剛睜開眼，就看到窗外陽光燦爛，天氣好極了！於是，我們一家三口決定去野外郊遊！

我們正在收拾裝備時，爺爺打電話來：「乖月月，今天來不來爺爺家啊？」

「不去啦，爺爺，今天我們要去郊遊呢！」我激動地回答。

「喔，你們要出去啊……那好吧，乖孫女，玩得開心點啊……」爺爺說完掛上了電話。就在掛電話那一刻，我好像聽到了一聲低低的歎息。

這時，我的心情不知怎麼一下子沉重了起來，好像看到了爺爺失望孤獨的樣子。爺爺已經七十多歲了，奶奶又去世了，他一個人在家多孤單啊！這麼好的春天，我們應該去陪陪他。

想到這裡，我便對爸爸媽媽說：「爸爸媽媽，我們帶爺爺一起郊遊吧！爺爺肯定很高興！」爸爸媽媽聽了，相視而笑，好像在說我真的長大了！

於是，我便和爸爸媽媽陪著爺爺漫步在郊外的小路上。我像一隻快樂的小鳥在他們身邊跑來跑去，溫暖的春風吹拂著我們的臉龐。長廊兩邊一行行的柳樹，垂下柔軟如絲的枝條，在春風的吹動下輕輕搖曳。我還賣弄地朗誦最近剛學的〈詠柳〉詩句：「碧玉妝成一樹高，萬條垂下綠絲絛。不知細葉誰裁出？二月春風似剪刀。」爺爺開心地不停誇我聰明呢！

不知不覺中，太陽慢慢地下山了，晚霞像調皮的精靈，映襯著爺爺的笑臉，我從爺爺的臉上看到了幸福！於是，我暗自下定決心，以後每個星期天都要陪爺爺一起過！因為這才是最有意義的星期天！

小朋友，你們覺得這篇作文和高斯寫的打電動比起來，哪篇文章更有意義呢？相信答案不言而喻了。

Tip 適合當題材又有意義的「小事」

(1) 生活中感人的小事

傷心時一個溫暖的擁抱、一句鼓勵的話語、一個關愛的微笑；跌倒時一句體貼的問候、一個關切的攙扶、一句善意的責備；委屈時一句真誠的道歉、一個溫柔的安慰、一個及時的開導……這些不經意間的小事，每一件都能感動我們的心靈。

其實，生活中處處充滿這樣的小事，只是小朋友們因為習慣而忽視，結果造成寫作文時無話可說，只好隨便捏造。

請小朋友們仔細想一想，有沒有在難過的時候撲進爸爸的懷抱呢？有沒有在跌倒時一把鼻涕一把眼淚地跟媽媽撒嬌呢？有沒有在肚子餓的時候狼吞虎嚥地吃著外婆做的飯呢？有沒有小朋友在受到委屈時向朋友哭訴呢？這些司空見慣的小事，都是感人的題材，也都是「有意義」的事。

(2) 可以給人教育意義的小事

曾經有位小朋友寫了一篇很優秀的作文，內容是關於爸媽吵架的事。在其他小朋友看來，吵架是不好的事情，怎麼能在作文裡寫出來呢？這樣的主題肯定是沒有意義的吧？

可是，我們先不要忙著判斷，先來看看這位小朋友是怎麼寫的：

> 每次爸媽吵架，我的心情都很沉重，我不明白他們為什麼會因為小事吵架。難道他們不知道這樣很容易傷害到我嗎？不知道家庭是需要溫暖的地方嗎？
>
> 我真的希望爸爸媽媽不要再吵架了，不要再把家裡鬧得雞犬不寧了。求求你們關心一下女兒的感受，讓我在一個舒服安心的環境裡成長吧！

這位小朋友在寫了爸爸媽媽吵架的事情之後，在結尾發出了痛苦的呼喊，讓我們看到了孩子痛苦的內心世界，也讓讀者忍不住為小作者感到心酸難過。我想，如果她的爸爸媽媽能看到這篇作文，肯定會覺得慚愧，這就是這篇作文的意義。它告訴全天下的長輩，要盡量給孩子溫暖的家庭，讓小朋友們能夠開心快樂、無憂無慮地成長。

利用一件生活中的小事，講述重要的道理，具有教育意義，這樣的「小事」就是一件「有意義」的事。

(3) 表現人物美好特質的小事

很多小朋友一想到人的美好特質，不外乎就是助人為樂、見義勇為、關心別人、善解人意等等。實際上，除此之外，還有很多美好的特質等待我們挖掘，比如熱愛生活、堅強勇敢、熱情開朗、積極樂觀、真誠守信等等。

寫有意義的事，並不是要塑造很偉大的人，或寫一件很英勇的事才叫有意義（例如「捨身救人」之類的題材）。我們大家都是普通人，生活也很平凡，但是只要細心觀察，身邊很多微不足道的小事，也可以表現出人物美好的特質。

曾經有位小朋友在作文中描寫了一位收養流浪動物的大哥哥。這位大哥哥每天不辭辛苦地為這些小貓小狗洗澡除蟲、打掃糞便，還為牠們做了溫暖舒適的小窩，對這些小動物們關懷備至。

◎生活中感人的「小事」。
◎可以給人教育意義的「小事」。
◎表現人們美好特質的「小事」。

這位小作者只是舉了簡單的例子，卻讓我們感受到了人性的美好，這些「小事」就是「有意義」的。

多多老師考考你

有一位小朋友要寫一篇記敘文，可是他在選擇題材上很煩惱，不知道哪一件事才是「有意義」的。親愛的小朋友，你能告訴他下面哪件事比較有意義嗎？

❶ 我過生日，叔叔送給我一架價格不菲的戰鬥機模型。我高興極了，迫不及待地拿出去向朋友們炫耀。大家都羨慕我有一個有錢的叔叔。

❷ 我用自己打工的錢，買了一件生日禮物給媽媽。媽媽感動地哭了。

❸ 星期天和媽媽去逛街，買了一身新衣服，高高興興地回家了。

開頭先交代事情起因

簡要帶過就能避免讀者困惑

欺負小狗 → 幸好是誤會一場

今天的作文課上，高斯的作文第一次沒有引起大家哄堂大笑。不過不是因為他的作文水準提升到全新境界，而是因為他犯了「眾怒」——大家一致要「討伐」他。這是怎麼回事呢？來看看高斯的作文就知道了：

救助流浪狗行動

昨天下午放學回家，我高高興興地走在回家的路上。突然，一隻髒兮兮的流浪狗跑到我腳邊。我當時想都沒想，一腳跨出去，就把牠踩到趴下了，而且趴了半天也沒站起來。

這時，我有些心虛地走到牠面前，才發現小狗的後腿破皮了，還在流著血。

KING

於是，我決定把牠帶回家，把牠的傷治好。……

聽高斯讀完作文之後，還沒等他嘴角的笑容消失，同學們就一起責備高斯：「喂喂喂，高斯，你好殘忍，小流浪狗哪裡惹到你，你居然踩牠！」隔壁同學李小白首先就發起了「攻擊」。

「平時看你很正常，沒想到你是這種人，欺負弱小！還把小狗的腿踩傷了！」

「就是嘛，真是知人知面不知心！哼！以後再也不理你了！」

聽到大家的指控，高斯連忙解釋：「哎哎哎，不是這樣的，你們聽我說啊。我小時候被狗咬過，所以現在見到狗靠近就害怕。我下意識地想跑，一不小心踩到牠的腿，結果就把牠踩傷了！我真的不是故意的！」

聽到這裡，同學們才不那麼憤怒了。

而徐老師就在這時說話了：「高斯，這不能怪同學們誤會你，是你自己在作文開頭沒把原因說清楚，才讓大家誤會，大家還以為你是故意傷害小狗呢！現在你知道了吧，在作文中，把事情的緣由交代清楚有多麼重要！」

聽了徐老師的話，同學們才明白徐老師要高斯唸出這篇作文的目的，而高斯終於明白自己錯在哪裡了。

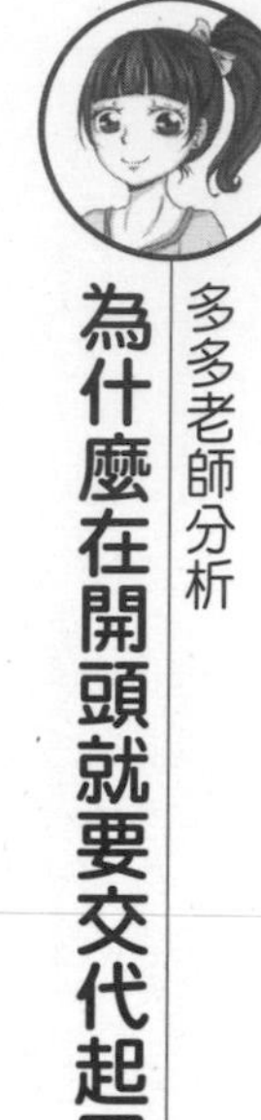

多多老師分析

為什麼在開頭就要交代起因？

告訴別人一件事情的時候，如果不講清楚原因，很容易讓對方困惑，造成誤會。其實，這個道理用在我們寫記敘文上，也是一樣的。

寫一件事，一定要把事情的緣由講清楚，讀者才有頭緒接著往下看。如果連事情發生的原因都寫不清楚，可想而知，這整篇文章肯定也是雜亂無章、邏輯不清。

就拿高斯的作文舉例，只要在開頭加一兩句話，解釋踩到小狗的原因，就可以讓這篇作文充滿愛心了。

其實，有很多小朋友在寫記敘文的時候，都能夠把開頭的原因寫得既簡要又明白。我們來欣賞一下這些高明的開頭吧：

◆很巧，爸爸和媽媽同一時間被公司安排出差，家裡只剩下我，我自然挑起了顧家的擔子。

——〈第一次顧家〉

◆哥哥交了一個都市女朋友。你想，我們鄉下人能交一個都市女孩，不是破天荒頭一遭嗎？況且女孩要來我家看看，這把我媽忙翻了：先到上街買了幾斤香蕉，再到水塘抓了幾條大魚，又是殺雞，又是宰鵝，真是忙得不亦樂乎。

——〈喜事臨門〉

◆今天晚上我很生氣，因為老爸居然放我鴿子！今天是我的生日啊！媽媽明明告訴他今天早點下班回家，還要買生日蛋糕。可是現在都八點了，我們連老爸的人影還沒見著呢！

——〈令我敬佩的爸爸〉

◆一個天氣暖洋洋的星期六下午，媽媽問我和爸爸：「我們一家去挖薺菜，好嗎？」我一聽挖薺菜，肯定要去郊外啦，正好可以出門透透氣，還能幫媽媽做點事，於是馬上響應：「好！」

——〈第一次挖薺菜〉

你們看，這幾位小作者在開頭就用簡要的字句向我們說明事情的緣由，接著讀下去就順理成章了。

Tip 交代事情緣由的小技巧

(1) 在文章開頭先交代起因

一般來說，記敘文在開頭就要交代清楚發生的緣由，否則便難以下筆展開後面的情節。

而讀者在不知前提和原因的情況下，也很難讀懂後面的故事。

例如，曾經有位小朋友寫過一篇作文，在一開頭，小作者寫了隔壁同學弄壞自己的鋼筆，小作者便大哭了一場。後來，還是因為隔壁同學真誠道歉才原諒對方。這篇作文給讀者的第一印象就是這個小作者實在「太小氣」了，人家又不是故意把鋼筆弄壞，有需要這麼生氣嗎？居然還為此大哭，實在是小題大做！

而實際上，小作者沒有在開頭交代清楚，這枝鋼筆是爺爺去世前送她的最後一份禮物，因為它太珍貴了，所以小作者才忍不住痛哭的。

你看，只因為小作者沒有交代清楚原因，小作者在人們心裡的形象就大大不同了。所以，以後在寫作文的時候，一定要注意**先把事情發生的緣由交代清楚，才能避免引起讀者的疑惑和誤會。**

(2) 大略書寫緣由，用簡要的字句帶過

交代事情發生的原因時，應該採用大略書寫的方式，以簡要概括的字句把原因交代清楚就可以了。因為在記敘文中，重點部分在於事情發展的經過，而事情發生的原因是「開場白」，簡要即可。

如果光一個開頭就囉哩囉嗦好幾百字，讀者肯定會感到厭煩。即使正文寫得再好，也無法引起大家的閱讀興趣了。

多多老師考考你

小朋友，請發揮自己的想像力，為下面的文章寫一個合理的原因作開頭吧！

＊提示：想一想，文中的「機會」指的是什麼呢？

不再怕黑

在一天夜裡，我正坐在客廳看電視，突然，媽媽叫我到商店買東西，我心想：等這個機會很久了，終於等到了。我馬上跟媽媽說：「好！」接著，媽媽把要買的東西全部都寫在紙上，並且把錢交給我。我獨自走出門外，忽然，吹來一陣風，它將樹枝都吹搖了，我看著樹，就像看著一隻張牙舞爪的鬼一樣，我趕緊加快了腳步。

**解答請參見p.283

結尾表達出觀點和態度

評價式與前瞻式寫法

旁觀爭吵　冷漠的木頭人

經過最近幾次作文課的學習，英格力的作文水準明顯提高。對於他的進步，老師和同學們都看在眼裡，大家都很為他高興。因此，英格力自己也不禁沾沾自喜起來。但是，他這一高興，作文也跟著出錯了。

今天的作文課上，英格力的作文又被徐老師抓到「小辮子」，偏偏我們這位「當事人」還覺得自己寫得很好呢！這究竟是怎麼回事呢？我們還是來聽一聽徐老師的朗讀吧：

公車上的爭吵

今天早上，我坐公車上學。車上人很多，十分擁擠。這時，我突然聽到一聲尖叫，順著聲音的方向看過去，原來是一位打扮十分時尚的貴婦和一位鄉村阿姨在吵架。鄉村阿姨的手上還提著一袋雞蛋。

只聽時尚貴婦說：「你沒長眼睛啊，踩到我的鞋子了。」

鄉村阿姨說：「對不起啊大姊，人太多了，我拿著雞蛋走不穩，不小心踩到你。」

時尚貴婦說：「對不起？對不起值幾塊錢？我這可是名牌，踩壞了你賠得起嗎？死鄉巴佬！」

鄉村阿姨說：「對不起對不起，要是真的踩壞了我也賠，我先幫你擦乾淨！」

時尚貴婦說：「別拿你那髒手碰我！」

周圍的人說：「好了好了，人家也向你道歉了，別得理不饒人了！」

時尚貴婦對著周圍的人說：「你們別光說風涼話，讓她踩踩你們試試看！哼，不過你們那種爛鞋，踩了也沒什麼大不了，我這可是名牌！」

正在他們爭吵不休的時候，我到站了，於是我就下車了。

聽完這篇作文之後，同學們面面相覷，最後經過討論一致認為：英格力是一個沒有感情的冷漠木頭人。因為在這場糾紛裡，英格力只是轉述人們之間的對話，對於時尚貴婦的囂張跋扈和鄉村阿姨的委曲求全視而不見、沒有感覺，這不是極為自私冷漠的反應嗎？

多多老師分析

作者的觀點能為文章注入靈魂

一篇優秀的記敘文，不僅要把事件敘述得生動具體，吸引讀者的閱讀興趣；更重要的是，要利用這件事，表達出自己的觀點和態度，從而揭示深刻的道理，或者向讀者展示自己的內在思維。

在英格力的作文中，「我」只是一個冷漠的旁觀者，從頭到尾都沒有對爭吵中的人發表任何看法，好像身邊的爭吵與「我」一點關係都沒有，那麼，作者寫這件事的目的和意義是什麼呢？這樣的文章沒有中心思想，那它還能有什麼價值呢？

其實，只要再加一段文字，就可以改造成一篇意義深刻的好文章了。我們還是來看看英格力是怎麼改的吧：

公車上的爭吵

今天早上，我坐公車上學。車上人很多，十分擁擠。這時，我突然聽到一聲尖叫，順著聲音的方向看過去，原來是一位打扮十分時尚的貴婦在罵一位衣著樸素的鄉村阿姨，鄉村阿姨的手上還提著一袋雞蛋。

只聽時尚貴婦對鄉村阿姨吼道：「你沒長眼睛啊，踩到我的鞋子了！」

鄉村阿姨連連點頭道歉：「對不起啊大姊，人太多了，我拿著雞蛋走不穩，不小心踩到你。」

時尚貴婦扠著腰，接著罵道：「對不起？對不起值幾塊錢？我這可是名牌，踩壞了你賠得起嗎？死鄉巴佬！」

鄉村阿姨連忙彎下腰說：「對不起對不起，要是真的踩壞了我也賠，我先幫你擦乾淨！」

時尚貴婦見了，一點也不領情，接著罵道：「別拿你那髒手碰我！」說完就把鄉村阿姨的手踢開了，阿姨的袋子掉在地上，雞蛋都破了。鄉村阿姨渾身顫抖著，委屈地說不出話來。

這時，周圍的人都看不下去了，勸時尚貴婦：「好了好了，人家也向你道歉了，別得理不饒人了！」

時尚貴婦對著周圍的人喊道：「你們別光說風涼話！讓她踩踩你們試試看！哼，不過你們那種爛鞋，踩了也沒什麼大不了，我這可是名牌！」

聽著他們愈來愈激烈的爭吵，我覺得非常難過。我不明白這位穿著時尚漂亮的貴婦，她的心靈為什麼不能像外表一樣美好呢？她為什麼不明白，一個人的價值是無法用金錢來衡量的呢？此刻，我只想對她說一句：「如果你的心靈不美好，即使你的衣服再昂貴，你也永遠不會變得美麗高貴！」

修改後的作文中，加入對時尚貴婦和鄉村阿姨的動作、表情等描寫，融入了作者的情感，而且表達了作者對時尚貴婦行為的批評和否定。作者的態度就像為這篇文章注入靈魂，給了讀者深刻的教育和啟發，這篇文章也因此變成了一篇難得的佳作！

由此可見，小朋友們在寫記敘文的時候，一定要表達出自己對這件事的觀點和態度，才能使文章意義更深刻、更有價值。

Tip 如何表達觀點和態度？

(1) 評價法：往內心深處想，寫出對事件的評價

小朋友們，要怎麼使自己的作文更加有內涵、有深度呢？多多老師告訴你，這取決於你在作文中所傳達的觀點和態度喔。

為什麼這麼說呢？

舉一個例子說明：有這樣一件事，一個年輕人將一位老爺爺撞倒之後，居然扶也不扶就逃之夭夭。如果僅僅是記下這件事，這篇作文沒有太大意義，但是如果藉此評價撞人的年輕人沒有同理心，進而喊出自己內心的想法：絕對不想和那個年輕人一樣。這樣一來，這篇作文就有深度多了。

(2) 前瞻法：往事件「遠」處看，給人希望或啟發

如果不知道在作文結尾怎麼表達自己的觀點和態度才深刻，不妨採用**「前瞻式」的寫法，用「我希望……」的句式來寫。**

例如，在英格力的作文結尾，可以用一句「我希望人人都能多一份包容和關愛，少一些自私和冷漠，這樣我們的生活才會愈來愈美好。」如此一來，不僅表現小作者的愛心和善

良，更加深作文給讀者的教育意義，這樣的觀點表達出來，就更深刻了。小朋友以後可以參照這種方式，讓你的文章更有深度、有想法。

請小朋友們動動腦筋，為下面的作文續寫一個結尾。別忘了要表達出自己的觀點喔！

那是一個大雨滂沱的下午，才三點多，天就陰沉沉的，跟半夜似的。班上帶傘的人寥寥無幾。

於是，那天你的傘底下有了三、四個同學。那天的雨來勢凶猛，即使一個人撐傘，書包、鞋子也會溼透，更何況是幾個人？看你們走在一起，簡直恨不得抱成一團，稍不留神便會變成「落湯雞」。我在心中暗自覺得好笑：「明明可以撐自己的傘，不管別人淋雨，為什麼非要這麼傻呢？」

當我事後問起你的時候，你莞爾一笑，說：「如果人人都能養成樂於助人的好習慣，那大家就會互相幫助。予人玫瑰，手有餘香，這不是一件兩全其美的事情嗎？」

**解答請參見p.283

重點6 準確提煉寫作主題

篇名、開頭、結尾相互呼應

童年趣事 「有趣」在哪裡？

「唉……」高斯已經發出了今晚的第九十九聲歎息了。你看他緊皺眉頭，哭喪著臉，歪著腦袋枕在手臂上，眼珠一動不動地看著眼前的作文簿，作文簿上寫著「記一件○○的事」幾個大字，除此之外一片空白。

而高斯已經在書桌上趴了將近一個小時，腦袋裡還是一點想法都沒有。看來，徐老師今天出的作文又把高斯難倒了。

到底該寫什麼呢？高斯抓著頭髮拚命思考，回憶著……忽然，一個剛剛冒出的念頭讓高斯眼前一亮——對了，就寫那件事！

有了靈感的高斯，可謂是文思泉湧，一下子就把作文寫好了！我們大家一起來看一看，他寫的是什麼吧：

記一件有趣的事

那是一個除夕夜，我和英格力早早就約好，吃完年夜飯就要去巷口放鞭炮。等我們到了的時候，發現已經有幾個小朋友在那裡玩了。大家紛紛拿出自己的「壓箱寶」：什麼「蝴蝶王」啦、「悟空借扇」啦、「萬花筒」啦、「大陀螺」啦等等，都是一些小煙火，一點響聲都沒有，點起來很安全。

起初，我和英格力和大家一起，玩得不亦樂乎。但是過了沒多久我就覺得沒意思。我高斯是堂堂一名男子漢，怎麼能光玩這些小孩才喜歡的東西呢？不行，我得找點刺激的事來做！

看著站在一旁傻乎乎地看著別人放煙火的英格力，我忽然想出一條妙計！我偷偷繞到英格力身後，把手中的仙女棒點著後，突然伸到英格力眼前，想要嚇他。結果，英格力真的被我嚇了一跳，還沒反應過來，下意識地就直接用手臂去擋，然後火花順著他的袖口就燃燒起來了！英格力嚇得哇哇大叫，我也嚇傻了。幸虧旁邊一位叔叔趕緊把英格力的外套扯下來，救了英格力。不過，英格力的手還是被燙起了幾個大水泡，這位叔叔趕緊把他送回家。

後來，英格力並沒有責怪我，但是我心裡還是內疚了好幾天。唉，這就是我

kiNG.

童年裡發生的一件趣事，你們覺得好玩嗎？

唉，原來高斯辛苦醞釀了半天，就寫出了一篇這樣的作文呀！我們還是為他祈禱，希望明天的作文課上，高斯不要被笑得太慘吧！

多多老師分析

自定篇名時，該如何命名？

小朋友，看到了高斯的作文，你們覺得他寫得好嗎？他寫的是一件「有趣」的事嗎？相信小朋友們比高斯要聰明多了，一眼就能看出來，這哪裡是一件「有趣」的事呀，這分明是一件「後悔」、「內疚」、「慚愧」的事嘛！因為高斯的惡作劇，害得英格力差點被燒傷，多多老師一想到當時的場景，就不禁為他們捏把冷汗呢！誰知道高斯不但「不知悔改」，反而說它「有趣」，這不是擺明要大家批評他嗎？

不過，了解高斯的小朋友都知道，高斯雖然頑皮，卻不是不辨是非、冷漠自私的孩子。而他的這篇作文之所以給人這樣的印象，就是因為他取錯作文的篇名了。

如果這篇作文改一下篇名，改成〈記一件內疚的事〉，再把結尾處改成以下這個片段，那這篇作文就能算是好作文了：

後來，英格力並沒有責怪我，但是我心裡還是內疚了好長一段時間。都是因為我的魯莽，差點釀成大禍，害了英格力。我以後一定要記住這個教訓，加強安全意識，再也不這麼調皮了。

透過這篇文章前後的改動，我們可以看出一點：**篇名直接影響到作文主題**。想準確表現出作文主題，就要擬定切合主題的篇名，也要在文章結尾處再次呼應主題，這是讓作文不偏離主題的重要方法。

Tip 掌握三個關鍵，精準緊扣主題

(1) 擬定篇名：命名要能凸顯主題

篇名就像作文的眼睛，往往能夠傳達出作文的主題。所以，自定篇名時，我們可以善加利用作文篇名強調出寫作主題。

例如：〈一件有趣的事〉、〈那一次，我傷心地哭了〉、〈那一次我懂得了獨立〉等

等，這些篇名雖然簡單，但是直接揭示主題，讓讀者一目了然，也方便作者展開下文。

(2)開頭第一段：先點出主題

你們知道作文開頭第一段點明主題的意義是什麼嗎？就是為了防止小朋友們像高斯那樣偏離主題。高斯本來要寫一件有趣的事，但是在敘述事件時偏離了主題，最後自然就擬定了不合適的篇名。如果在第一段就點明主題，便能有效地避免這種錯誤發生。

有一位小朋友在作文的第一段是這樣寫的：

> 我的媽媽是世界上最好的媽媽。她很愛我，但是她不會表達，我也不懂她，所以我們之間總是不停地爭吵。直到那次意外，我才知道媽媽居然這麼愛我……

開頭就指出了「我」和媽媽的矛盾，也揭示了媽媽對「我」深深的愛，這就是文章的主題。在接下來的行文裡，小作者利用一件事來闡釋這個主題，全文就是一篇主題明確的作文了。

(3)結尾：回扣主題，畫龍點睛

在結尾再次呼應主題，可以讓我們的作文多一層「保障」——確保文章主題明確，不偏題。高明的作家都會在文章結尾再次扣題，這樣不僅能加深讀者印象，也可以引起共鳴，使讀者對主題理解得更透徹。

有一篇非常優秀的作文，結尾處是這麼寫的：

> 我為有這樣的媽媽自豪！是她，教會我如何做人；是她，教會我誠實待人；是她，教會我一切。我認為，我是天下最幸福的孩子，因為我有一位天底下最好的媽媽！

這篇作文讚揚媽媽真誠善良、誠實待人的美好特質，她為小作者樹立榜樣，也是小作者的驕傲。結尾處的扣題再次加強對媽媽的讚頌之情，昇華了主題，也更加引起讀者共鳴。

掌握三個關鍵處，
精準扣緊主題！

◎篇名：用篇名凸顯主題。
◎開頭：點出主題。
◎結尾：再次回扣主題，畫龍點睛。

多多老師考考你

小朋友，請你根據以下這段文字，訂定一個適當的篇名。

晚上，我起來上廁所時，看見爸爸正坐在沙發上擦藥。媽媽走過來輕聲問：「怎麼了？」

「最近陪孩子跑步，動手術的地方又發炎了。」

「那就不要去了。也好讓女兒休息，省得她老是跟你發脾氣。你又不是不知道，我們孩子是最討厭運動的。」媽媽心疼地說。

「不行，孩子正是長高的時候，多運動對她有好處。孩子發發脾氣，一下子就過去了，我還跟她計較什麼呀！」爸爸笑著答道。

透過隱約的燈光，看見爸爸發炎的傷口，我的淚水忍不住奪眶而出。爸爸，您別忘了您的傷口才剛痊癒呀！我終於理解了您的用心，那就是您對我無盡的愛呀……

題目：________

**解答請參見p.283

真人真事最能打動人心

抒情不虛情假意，寫出平凡細節

作文課上，徐老師聲色俱佳地唸一篇「飽含深情」的作文，不但沒讓同學們感動得一把鼻涕一把眼淚，反而讓大家樂得東倒西歪！這是怎麼回事呢？我們一起來看看這篇作文吧！

「飽含深情」的作文 天啊，好假喔！

四十九分！居然不及格！看著數學考卷上鮮紅的數字，我的心在滴血，洶湧的淚水奪眶而出。我獨自躲到無人的角落，一遍遍質問著自己：「我怎麼這麼笨？為什麼每次都考不好？我考出這樣的成績，對得起父母的養育之恩嗎？對得起大家對我的信任嗎？我以後還有什麼前途？我這樣活下去還有什麼意義？」

看著天上灰濛濛的雲朵，我忽然感到萬分絕望，周圍好像有無數隻大手掐住我的喉嚨，讓我喘不過氣……。

聽完徐老師唸的作文，大家立即笑翻了。

「哇！這作文寫得也太假了吧！沒考好就要死要活的，那我豈不是死了好幾百回啦？」

高斯咧著嘴巴笑開懷。

「就是嘛，一次小考就把他的未來給毀啦？這也太誇張了！」

「哈哈哈，我看他是電視看多了，臺詞都背熟了！有誰會想到一次小小的考試會對不起社會大眾啊！」

……

大家的反應都在徐老師的意料之中。於是，徐老師打鐵趁熱，藉著這篇「反面教材」向大家講解寫作文的技巧：「同學們，你們之所以覺得這篇作文很『假』，就是因為它沒有表達出自己的真情實感，而是過分地誇張了作文中的情感，讀起來不僅不會引起讀者共鳴，反而令人覺得虛假。我之所以給大家讀這篇作文，就是要告訴大家——過分誇張的抒情就是作假。這不但不會讓讀者感動，還會引起讀者反感喔。」

多多老師分析

虛情假意無法使人共鳴

對小學生來說，考試不及格的確是件很苦惱的事。不僅要挨老師批評，還要被家長責備，自己也沒面子。可是，這位小作者居然傷心到「絕望」的地步，甚至還聯想到了社會對他的栽培，實在是太脫離實際了。

明明是個小孩子，卻「故作深沉」說著大人的話，這明顯是硬「擠」出來的語言，怎麼能不讓人覺得好笑呢？所以，當大家聽完這篇作文之後的反應就是：這也太假了吧！

小朋友們應該可以看出一點：如果沒有表達出作者的真情實感，會給讀者一種「假惺惺」的感覺，很難得到認同和共鳴。

好文章，不是靠誇張的抒情方式感動人，而是仰賴作者蘊含在字裡行間的深情和真實感人的故事。

下面就是一篇感人的佳作：

最後一次見到外婆，是上次我和媽媽一起去看她。外婆忙碌了一個上午，出了一桌好菜，全是我喜歡吃的。我吃得津津有味，外婆就在一邊看著我笑。午飯後，我便鬧著要回家。外婆勸我在她這多玩幾天，我把頭搖得像波浪鼓一樣，怎樣都不肯，就只想著回家看卡通。仍記得，當時外婆送我們的時候，一個人站在村口，看著我們遠遠地離開。我回過頭，風中，外婆顯得那樣瘦弱，兩鬢白髮隨風舞動。那一刻，我的心裡突然有些內疚。

> 我想起小的時候，我常對外婆說，等我長大後賺了錢，一定買好多好吃的給外婆，還要買好多漂亮的衣服。外婆聽後，一直誇我孝順……現在，外婆卻再也等不到那一天了。

相信很多小朋友都享受過外婆親自為我們做的美食，也經歷過外婆無數次把我們送出門口的場景，但是這些飽含外婆慈愛之情的細節，往往被我們忽略。在這篇文章裡，小作者利用外貌、動作等描寫，刻劃了外婆為「我」做好吃的飯菜和送「我」離開的場景。不是驚天動地的大事，也不是極其誇張的抒情，而是**利用這些細節中蘊含的深情來打動我們**。這就是一篇蘊含真情實感的好文章，也是小朋友們需要借鑑學習的範例。

Tip 抒情要細緻真誠，才能感動別人

(1) 利用細節描寫，呈現內心情感

細節描寫是展現人物內心世界、表現複雜情感的重要途徑。在生活中經常仔細觀察的小朋友肯定知道，一些看似不起眼的小細節，反而能更細膩真實地表達出人物的情感。

有位小朋友曾經寫了一篇這樣的作文，內容大概是媽媽為小作者抓住停在身上的大黃

蜂，結果自己的手被螫成了「大饅頭」。其中有一段對媽媽抓黃蜂的細節描寫：

我呆呆地看著手臂上的大黃蜂，嚇得一動也不敢動。只見牠翹起細長的屁股，就要準備給我「來一針」了！我嚇得眼淚都出來了！這時，卻見媽媽毫不猶豫地一巴掌抓過去，把大黃蜂抓在手心裡。緊接著，媽媽的眉頭就皺了起來，額頭冒出一層冷汗。我趕緊把媽媽的手掰開，只見大黃蜂已經被媽媽捏扁了，長長的毒刺扎進媽媽的手心。媽媽的手掌就像發酵的麵團一樣，眼看著都腫起來了。我慌張地哭了起來，媽媽卻忍著疼痛安慰我：「乖，沒事的，媽媽一點也不疼……」

在這個片段中，媽媽下意識保護孩子的動作，稱不上是驚天動地，卻足以讓我們震撼、感動，這就是因為小作者用一個平凡的細節，表達出最真摯的感情。

小朋友也要學習這種用細節表達情感的方法。寫到父母之愛，不一定要寫三更半夜送我們去醫院，只要把生活中小事寫好，例如：冬天幫你把被子烘暖、夏天幫你把蚊子趕跑、在你睡覺時調低電視機的音量……都能表現出爸媽對你的愛。把這些最平凡的細節滿含感情地寫出來，就是一篇佳作。

(2) 要寫真人真事，不可誇張亂編

很多小朋友在寫作文的時候無事可寫，於是就編造故事，然後再隨便抒發幾句「真情實感」，認為這就算一篇合格的作文了，其實不然。只有說真話、寫真事、抒真情，才能真正打動別人。否則不僅不會讓人感動，反而會讓人覺得看起來假惺惺、虛偽。

有位小朋友寫過這樣一段文章：

那是一個寒冷的夜晚，媽媽躺在床上發出一陣陣的呻吟。我問媽媽怎麼了，媽媽說她頭疼。我很著急，爸爸又不在，這該怎麼辦呢？正在我著急的時候，忽然想起急救箱裡有很多藥。於是我趕緊跑去拿了一盒藥，扶著媽媽吃下。媽媽吃了藥，感覺好多了。我便讓她多休息一下。

這時，我想到要是給生病的媽媽做點魚湯，她肯定很高興。於是，我來到門前的小河邊，把結了冰的小河鑿開，釣了幾條小魚，回家燉了一鍋香噴噴的魚湯給媽媽喝。媽媽笑著說：「兒子，你真懂事！媽媽真開心！」

這段描寫是想要表現「我」如何細心照料生病的媽媽，表達「我」對媽媽的愛。但是，這明顯不符合事實，是編出來的故事。「我」作為一個小孩子，隨便拿藥就給媽媽吃，這非

但很危險，而且也不實際。況且，在寒冷的夜裡，「我」一個小孩，怎麼可能把厚厚的結冰河面鑿開呢？即使能鑿開，大半夜也不可能釣到魚，更別說還能燉一鍋魚湯了。

小作者的初衷是好的，想要表達自己對媽媽的愛，但是選擇了錯誤的方式，讓這種美好的情感變得「假惺惺」了。

所以，如果想要表達出真情實感，還是要寫真實發生過的事情，才能讓人覺得真誠，感同身受。

寫抒情文的重點。

◎不必寫驚天動地的大事，利用小事、細節表達情感。
◎不亂編，寫真事，抒發自己真實的情感。

多多老師考考你

有一位小朋友不擅長寫作文，下面是他寫作文題目〈最愧疚的暑假〉的片段，你覺得他寫的有什麼問題？你會如何修改呢？

暑假裡的一天，天氣十分炎熱。我和小夥伴們走在鄉間小路上，想著做點什麼好玩的事。有人提議：「我們去偷西瓜吧！」於是，大家便一起去西瓜田裡偷了幾個大西瓜，拿到路邊大口大口吃。吃著甜甜的西瓜，我覺得很愧疚。

＊提示：偷西瓜的過程是什麼樣的呢？能不能用一些細節生動地展現出來呢？

用倒敘法讓讀者快速上鉤

設置懸念、點出主題、預告結局

故事講一半　後來呢？快點告訴我！

高斯是班上有名的搗蛋鬼、破壞王，所以今天在課堂上傳紙條被徐老師抓到也是正常現象。但是，為什麼一向認真聽課的李小白也被「拖下水」了呢？唉，這還得從下課時間開始說起：

下課時，高斯一臉神祕地站上講臺，要說故事給大家聽。反正還沒上課，大家就當娛樂，於是紛紛表示歡迎。

只見高斯煞有其事地捲袖子，把板擦往講臺上一拍，開始表演：

各位仔細聽好，今天我要講的，是關於一對窮得不能再窮的夫妻的故事。話說有一天，縣太爺正在屋裡看書，忽然聽到堂前有人擊鼓鳴冤。於是，縣太爺急忙升堂問案。原來是丈夫把妻子打傷，妻子來告狀。於是，縣太爺便讓妻子稟明冤情。原來……

正講到這裡，上課鈴響了，高斯只好就此停住。

接下來怎麼樣了呢？這對夫妻為什麼打架呢？想來想去也不知道原因，同學們萬分苦惱。這時，不知是誰開的頭，傳了小紙條給高斯，要他把後面的故事補充完整。結果，大家爭相傳閱這張紙條，連李小白也不例外——直到被徐老師抓住。

問明原因，徐老師哭笑不得，索性讓高斯一口氣把剩下的故事講給大家聽，省得大家掛念。

但徐老師不想輕易放過大家，她提出了一個非常「簡單」的要求——按照高斯講故事的手法寫一篇記敘文。

這下大家都傻眼了，連高斯也後悔自己沒事找事了。這個故事是昨天爺爺跟他講的，哪有什麼方法嘛！

不過，一向聰明伶俐的李小白卻懂得徐老師的用意：「高斯，你講故事的手法很明顯呀，不就是倒敘嗎？」

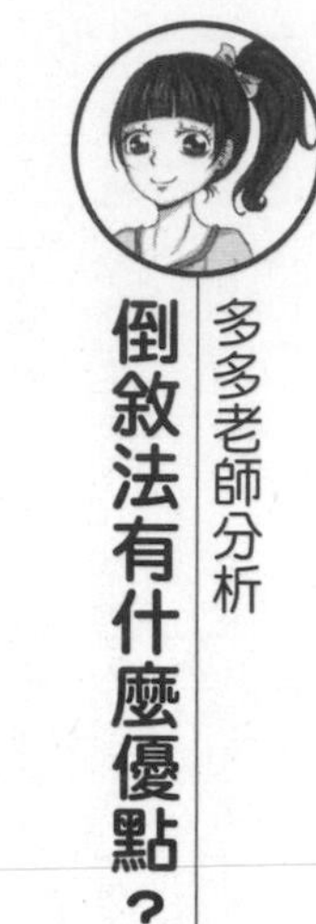

多多老師分析

倒敘法有什麼優點？

敘述事件的方式主要有兩種：一種是**「順敘法」，從頭至尾按照事情發生的先後順序——起因、經過、結果來寫**；另一種就是**「倒敘法」，把事情的高潮或結局，提到文章的前面來說，接著才按事情的發展順序來敘述**。簡而言之，就是在開頭先賣關子，等到下文再依次揭曉答案，讓讀者的思路跟著故事轉。

倒敘法有一個優點，就是能讓情節更加曲折，更能吸引讀者的興趣。

高斯就是按照倒敘法來講述的。其實，完整的故事是這樣：

在古代，有一對非常貧窮的夫妻。這對夫妻不僅非常懶惰，而且經常異想天開，總是想著天上能掉下餡餅來。有一天，這位丈夫還真的撿回一個「餡餅」——一顆雞蛋。於是，夫妻抱著這顆雞蛋做起白日夢。丈夫說：「我們把這顆蛋孵出小雞來，然後再讓小雞生蛋，最後那些蛋再生雞，雞再生蛋……等到最後我們就可以有無數隻雞和蛋了。我們把這些雞和蛋賣掉，就能賺大錢。到時候，我就娶幾個小妾……」聽到這裡，妻子怒不可過，原來丈夫想著要娶小妾呀！一氣之下，她就把這顆雞蛋打碎了。丈夫也很生氣，打了妻子一頓，於是被妻子告到縣太爺那裡。

你們看，如果把故事按照這樣順敘的方式講，恐怕就達不到情節曲折、引人入勝的效果了，這就是倒敘和順敘法的區別。小朋友如果想讓讀者耳目一新，就要學會使用倒敘手法。

Tip 倒敘法該怎麼寫？

(1) 設置懸念：先寫故事精采的部分

我們先來看這個開頭：

我剛回到家，就看見爺爺奶奶站在客廳，大眼瞪小眼呢！爺爺的臉都漲紅了，粗聲粗氣地說：「你這是什麼話？錢難道比命重要？這錢我借定了！做人不能只想著錢，還得對得起自己的良心！」到底是什麼事讓爺爺這麼生氣呢？從奶奶這裡，我了解到事情的原委……

在這個開頭裡，交代了爺爺奶奶吵架的場景，讓人不禁發出像小作者這樣的疑問：到底是為什麼吵架呢？這樣寫的好處，就在於**設置了一個懸念，引發讀者思考，牽引讀者帶著問題去下文找答案。這就是把事情的精采情節提前預告的妙處**。

就像精采的節目預告，我們也可以把一件事的精采情節提前到開頭交代，這樣就可以抓住讀者好奇，吸引讀者興趣。

(2) 點出主題：先寫能表現主題的部分

為了讓文章主題更明確、深刻，有時可以將能表現文章主題的敘述放到最開頭。這樣能使讀者一目了然，更容易產生共鳴。例如這個開頭：

> 今天是中秋節，我看著天空中那輪又圓又大的月亮，想起遠在老家的爺爺！想起爺爺為我編裝蟋蟀的小竹簍，想起爺爺早起為我摘下的新鮮山杏，想起爺爺撫摸著我的頭說好孩子要堅強……喔，親愛的爺爺，我終於知道什麼叫「每逢佳節倍思親」了！

小作者在這段敘述裡，表達對遠在他鄉的爺爺深深思念之情，奠定全文基調，點明了主題，讓讀者感動。

(3) 預告結局：先寫故事的結果

曾經有一位小作者這樣開頭：

> 放學回到家，我剛一進門，就被滿屋的狼藉嚇傻了。只見沙發上全是被翻亂的衣服，地上還有亂七八糟的書，書架搖搖晃晃快要倒了。媽媽疲憊地坐在地板中央，連我進門都沒發覺。這是怎麼回事？難道家裡遭小偷了嗎？

由上面這段文字可見，把故事結局提到作文開頭來說的好處，在於能夠讓文章產生懸念，增強文章的生動感，引起讀者的興趣。

小朋友在寫作的時候，也可以使用這種「預告結局」的方式來敘述。

倒敘法的三種開頭寫法。

◎設置懸念：先寫故事精采的部分。
◎點出主題：先寫能表現主題的部分。
◎預告結局：賣個關子，先寫故事的結果。

請把以下這個小故事用倒敘的方式講出來，你會怎麼講述呢？

華盛頓是美國第一位總統。當他還是小孩子的時候，拿著自己的小斧頭，砍掉了父親的兩棵櫻桃樹。父親回來後，非常生氣。他生氣地說：「如果讓我查明誰砍了我的樹，我一定要狠狠揍他一頓！」於是，他怒氣沖沖地到處詢問。當他問華盛頓時，華盛頓開始哭了起來：「父親，你打我吧！是我砍了你的樹！」華盛頓把自己做的蠢事全盤托出，父親卻沒有打罵他。父親慈愛地抱起他說：「我的好孩子！我寧願失去一百棵樹，也不願聽你說謊。」

教你把景物描摹得令人身歷其境

Q版漫畫學妙招

將景物描繪得鮮活生動的技巧

先找立足點，再依遠近描寫

寫景物描寫作文時，千萬不要覺得無從下手，只要找一個立足點，例如：我站在山腳、我站在小溪旁，然後由遠到近（或由近到遠）對景物進行描寫就可以了。比如說，先寫遠處的山，再寫稍遠的樹，接著寫近處的花叢。

專注把一處景色寫好

任何一個風景區裡的事物都很多，有樹林、花叢、溪流、小動物……不必對每樣事物都進行詳細的描述，只要把一處的景色寫好即可。

運用修辭技巧，讓靜止的景物動起來

在很多時候，僅僅是描述靜態的事物，總會讓作文有種枯燥的感覺。但是，如果運用一些修辭方式，例如擬人、擬物、譬喻、誇飾等，就能讓靜止的事物「動」起來，同時也能讓作文更加生動活潑。

一朵朵桃花就像一個個穿著粉紅衣服的小女孩，爭先恐後地在枝頭翩翩起舞。

使用修辭時，要注意感情色彩是否符合

運用譬喻、擬人等修辭來形容景物時，一定要注意感情色彩是否符合，是正面的褒義，還是負面的貶義。例如，在一個優美的風景區，我們可以把那些漂亮的花朵形容成美麗小女孩的臉，卻不能把它說成是腐爛的番茄。

虛景聯想法

虛實相間，寫景更有深度

春天的果園 **還沒到結果實的季節啊！**

徐老師要帶全班同學去郊外春遊囉！

這個大好消息就像長了翅膀，很快傳到每位同學的耳朵裡。大家歡呼雀躍，只有高斯擺出一副不屑的表情，小小聲地說：「你們高興得也太早了！根據我對徐老師的了解，她不會白白讓我們去玩的，回來肯定要寫作文！那還不如不去呢！」

聽了高斯的話，英格力也跟著煩惱：「那該怎麼辦呢？明天還想高興痛快地玩一場呢！我不想回來還要寫作文，倒不如現在寫完再好好去玩呢！」

英格力的話，真可謂「一語驚醒夢中人」。高斯轉念一想：「俗話說，長痛不如短痛。乾脆現在就把作文寫完，回來就『自由』了！」

說到做到，這個行動派就開始提前寫作文了。當然，在動筆之前，高斯仍不忘在心裡算計：「既然是去春遊，肯定是寫春天的作文！那我就寫春天的田野吧！而且我要寫得優美一

BOY
KING

點，省得到時候徐老師又批評我的作文沒文采！」

於是，經過漫長的構思和東拼西湊，一篇寫春景的作文就新鮮出爐了！

我們來看看這位「小聰明」寫的作文，有一段「精采」的內容：

沿著小路向前走，來到了果園。果林裡一片萬紫千紅，各種水果都成熟了，等待著人們來採擷：柿子樹上掛滿了紅燈籠；梨樹上結滿了黃澄澄的圓球；蘋果樹上擠滿了晶瑩的紅瑪瑙；馳名中外的五爪蘋果壓彎了枝條，等待著啟程到國際市場上逞威風；還有那粉紅色的桃子，好像小女孩微笑的臉龐，在枝頭搖動……

小朋友，你們覺得高斯這段話寫得怎麼樣？是不是非常有文采、非常有想像力呢？但是，告訴你們吧，等到徐老師看到這篇作文，一定會非常——生氣！

聰明的小朋友，你知道徐老師為什麼會生氣嗎？

多多老師分析

描寫的景物是否符合季節？

稍微了解水果常識的小朋友都知道，桃子是在夏天成熟，蘋果、梨、柿子是在秋天收穫，這些水果在春天只是剛開花，連果子還沒結，更何況是成熟了！很明顯，高斯只是憑著想像去猜，根本沒有觀察過這些果樹在春天的樣子，所以才會犯了這麼可笑的錯誤。如果這篇作文被徐老師看到，她不生氣才怪呢！

由此可見，小朋友在描寫景物時，一定要先仔細觀察，寫出景物的真實特點。不過等到高斯春遊過後，他也終於明白自己錯得多離譜了。於是趕緊改寫，這次寫得很認真呢！我們來一起看一看，他是怎麼改的吧：

沿著小路向前走，來到了果園。果林裡一片萬紫千紅，變成了花的海洋。你看，那粉紅色的是桃花，一大串一大串，挨著擠著掛在枝頭，像一個個調皮的小女孩！還有那白色的梨花，好像一片晶瑩的水晶，花瓣上還滾著露珠呢！還有白色中點綴著粉色的海棠花，迎風招展著，好像在和著春風的節奏跳舞。花叢中，蜜蜂忙著採蜜，蝴蝶忙著嬉戲，真是熱鬧極了！

透過這些美麗的花朵，我彷彿看到秋天來臨之後，滿樹掛滿了碩果，粉粉的蘋果、黃澄澄的梨、紅紅的柿子……農民伯伯在樹下開心幸福地笑著……

利用這個小小的片段，把春天果園千姿百態的美景表現得淋漓盡致，這才是春天的果園真實的美景！

Tip 觀察加聯想，讓景色描寫更鮮明

(1) 仔細觀察，用雙眼發現身邊美景

很多小朋友在描寫景物的時候總是大皺眉頭，覺得沒什麼景物可寫，只好像高斯那樣純靠想像、脫離實際，自己「瞎編」一片美景出來，鬧出許多笑話。殊不知，我們身邊其實有很多美景，如果你能仔細觀察，用心感受生活，就可以得到很多意外的驚喜。

例如，在寫雨天的時候，可以仔細觀察雨後的彩虹；寫雪景的時候，可以觀察雪後銀白的遠山；寫清晨的時候，可以注意草葉間滾動的露珠……。

你看，其實有很多景色值得我們去認真觀察、仔細體會，只有經過深入觀察，我們才有對美景的體驗，才能寫出真實的美景作文。

(2) 虛實結合，真實美景加入合理聯想

景物描寫可以分為「實景」和「虛景」描寫。實景就是實在的景物，而虛景則是想像出來的景物。**適當加入一些虛景描寫，可以使我們的景物描寫更加生動，也讓作文主旨更加深刻。**比如高斯在改寫之後的作文中，根據眼前的花聯想到秋天的果實，表現出果樹的生機勃勃，以及春天帶給人們的希望和喜悅，這就讓文章更有內涵了。

有的小朋友可能會問，既然虛景也是想像出來的，那和隨便捏造有什麼區別呢？這個困

惑讓多多老師來為你解開吧！

寫虛景不等於隨便捏造，而是由眼前的場景，聯想到過去發生過的，或者未來會發生的場景，是一種符合實際的想像。例如，小草到了冬天就會枯萎，枯萎的小草能讓我們聯想到，春天它又會長出新芽，變得綠油油的，這種聯想符合實際。但是假如我們寫冬天的小草綠油油、生機勃勃，這種說法就是不符合實際的虛構了，聰明的讀者一下就能看出來。

所以，寫作文的時候可以加入合理的想像，描寫一些虛景，給自己的作文增添色彩。但是不能毫無根據憑空想像，隨便捏造。

在很多時候，景物描寫作文中適當加入一些想像，可以讓作文的主旨更加深刻。例如，由開滿花的蘋果樹聯想到豐收時的場景，以及農夫伯伯的微笑，就會讓人們更喜歡春天的景色。

多多老師考考你

親愛的小朋友，下文是從一位小學生的作文中摘錄下來的，請你仔細想一想，這段文字有什麼問題呢？請幫他修改得更精采吧！

涼風習習的夜裡，我和媽媽來到護城河邊散步。今天的月亮又圓又大，像一個白色的大玉盤。天上擠滿了密密麻麻的星星，好像一個個調皮的小娃娃在眨眼。遠處的河面上，閃著點點燈光，好像撒滿了金子。聒噪的青蛙在水裡「呱呱」地聊著天。路邊的大樹葉子都黃了，秋風吹來，一片片旋轉落下……。

改寫後：

**解答請參見p.283

景物篇 招式1 虛景聯想法

特色細描法

具體描寫景物特徵，讓人身歷其境

自從上次春遊回來，高斯迷上了景物描寫。

因此，又一篇「得意之作」問世了！我們一起來看看，高斯這次又會鬧出什麼笑話呢？

得意之作　拿了個大鴨蛋！

美麗的田野

昨天，我們來到了美麗的田野上，欣賞大自然的美景。大自然真美啊！

你看，那剛剛發芽的柳樹，多美啊！那解了凍的河水，多美啊！那一望無際的麥田，多美啊！那剛飛回來的小燕子，多美啊！那剛剛甦醒的小草，多美啊！還有那春天的泥土，多美啊！

春天的田野，就是一幅美景圖！

啊，我愛春天！

按照高斯的想法，他這篇作文從多角度展現春天田野中的美景，將春天田野的特點闡釋得淋漓盡致，實在是一篇不可多得的好文章！小朋友，你們也這樣認為嗎？

無論我們的看法如何，至少徐老師給這篇作文評了一個大大的「零」分！這讓高斯百思不得其解。

多多老師分析

如何寫出景色到底有多美？

小朋友，景物描寫最重要的就是凸顯景物的特點。高斯雖然從許多不同面向表現春天田野間的美景，但都只是用一兩句空話概括——「○○多美呀！」完全沒有表現出這些景物各自的特點。比如那「剛剛發芽的柳樹」是什麼姿態呢？「一望無際的麥田」是什麼顏色？只有表現出特點，才能讓讀者明白某樣事物美在什麼地方。

這就像我們形容一個人的特質，只用一句「她好美呀」來概括，讀者根本不知道這個人美在哪裡，美到什麼程度——是眼睛大？皮膚白？內心善良？這些都無從得知，這樣的描寫就是失敗的。

實際上，高斯完全可以從他提到的這幾個角度展開描寫，把每個事物的特點展現出來，讓讀者知道春天的田野究竟如何美、美在哪。現在，就讓我們一起來為他改一改吧：

美麗的田野

昨天，我們來到了美麗的田野上，欣賞大自然的美景。大自然真美啊！

剛踏進這片田野，一股潮溼的泥土氣息撲面而來，夾雜著濃濃的泥土的清香，讓人心曠神怡！你看，遠遠看去，草地上一片淺綠，好像延伸到地球的另一端。但是湊近看，小草還只是剛剛冒出頭，灰頭土臉的，好像還沒睡醒呢！高大的柳樹剛發芽，嫩黃的柳枝上掛滿了圓圓的「小疙瘩」，多麼像一顆顆小水珠啊！河水解凍了，悶了一個冬天的魚兒們，現在終於能呼吸新鮮空氣了！你看，牠們正隨著浪花翻滾呢！還有那一望無際的麥田，現在換上了綠茸茸的衣服，遠遠看上去就像一條深綠色的大毛毯，讓人忍不住想要躺上去打滾！剛剛從南方飛回來的小燕子，此時也不知疲倦地唱著歌，三三兩兩互相在空中嬉戲，多調皮！

你看，這春天的田野，就是一幅美景圖！我愛春天美麗的田野！

你們覺得這篇修改後的作文寫得怎麼樣？多多老師認為改得棒極了！不僅把春天不同事

物的特點準確描繪出來，而且還很具體，讓大家讀起來好像身臨其境一樣！看來，想要真正寫好景物，必須要仔細觀察，善於抓住景物特點，才能寫得鮮活生動。

Tip 三個切入點，捕捉景物不同特點

(1) 地域不同，景物的樣貌不同

這一點很好理解，比如北方與南方、平原與高山、城市與鄉村，景色各不相同。生長在高緯度地區的小朋友，見慣了北方雪花飄飄的場景；生活在低緯度地區的小朋友，則習慣南方陰雨綿綿的天氣。生活在平原地區的小朋友，見到的是大片田野；在高山上扎根的小朋友，看到的是一座座起伏跌宕的山峰。

只有了解這些區別，才能真實表現出不同地域的景色特點。

例如這段話：

山村的夜靜極了。一輪圓月從東方蹦出，像銀盤掛在天邊。皎潔的月光灑在鬆軟的鄉間小路上，與地上稀疏的燈光交相輝映，整個鄉村顯得格外寧靜、清幽。陣陣清風，吹動了秋日的敗葉，吹過粗糙的樹幹，帶來一股泥土的清香。

這段話描寫的是山村月夜裡的景色。鄉間小路、稀疏的燈光、泥土的清香，這些都是山村裡特有的美景。小作者透過細緻的描繪，生動具體地表現山村夜景的特點。

(2) 時間不同，景物有所變化

同一個地方，不同時間的景色所展現的特點也不一樣。

首先，景色的不同表現在一年四季的變化上。拿高緯度地區來舉例：春天，是萬物復甦的季節，小草剛剛甦醒，河水解凍，燕子北歸，花朵綻放；夏天，蟬聲蛙聲一片，空氣悶熱，陽光毒辣，植物都無精打采；秋天，收穫的季節，果樹上掛滿果實，大雁開始往南飛，草木枯萎，樹葉變黃；冬天，白雪紛飛，寒風怒吼，動物開始冬眠……。

其次，景色的不同特點也表現在一天不同時間的變化裡，如清晨、黃昏。小朋友有沒有這樣的經歷：清晨，當你背上書包走在街上時，迎面而來的是藍天白雲、清新的空氣，路邊的花草精神抖擻，草葉上滾動晶瑩的露珠，一切顯得生機勃勃；傍晚時分，當你走在回家的路上，天邊還燃燒著姿態萬千的火燒雲，路邊的花草早已蒙上一層金黃的光環，迎著陽光回家，看到身邊的景物彷彿都鑲上一層金邊……。

由此可以看出，小朋友在描寫景物時，一定要捕捉不同時間裡景物的不同特點來寫。

(3) 從不同角度描寫，表現更全面

通常，觀察和描寫景物時，我們可以從顏色、氣味、形態，甚至聲音等方面著手。例如，有這樣一段文字，描繪了荷塘的美景：

看！荷花池中長滿綠綠的荷葉，一片片挨挨擠擠的，好像一個個碧綠的大圓盤。密密層層的荷葉，襯托著亭亭玉立白裡帶粉的荷花，像一位位美麗而優雅的女孩。

微風乍起，荷塘的水面上泛起一層層漣漪，一陣陣荷花的清香伴著微風傳來，令人心曠神怡。這真是一幅高雅素潔的風景畫呀！

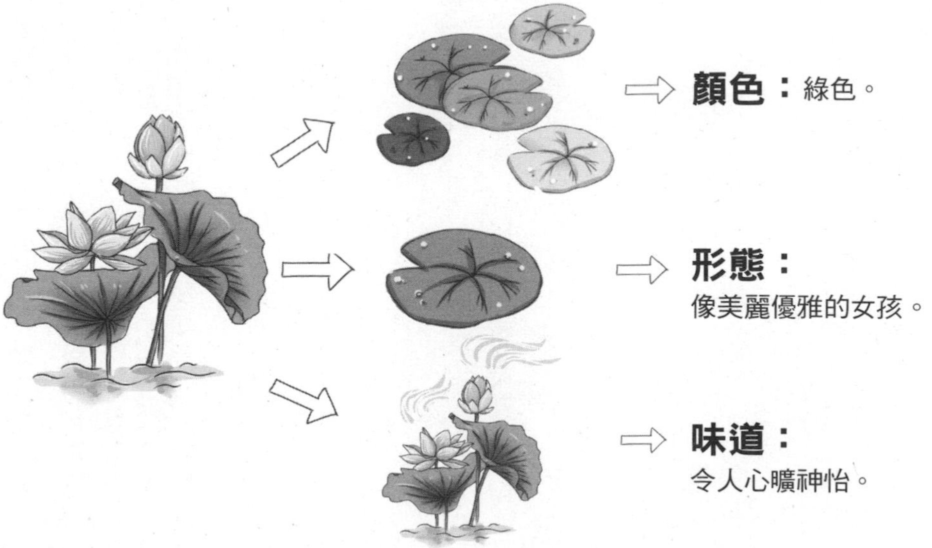

顏色： 綠色。

形態：
像美麗優雅的女孩。

味道：
令人心曠神怡。

在這段文字中，小作者從荷花、荷葉的顏色、形態、氣味等幾個角度描繪荷塘景色，精確抓住荷花高雅素潔的特點，讀起來如見其形、如聞其味，給人身臨其境的感覺，實在是一篇形神兼備的佳作！

因此，以後在寫景物描寫作文的時候，我們一定要利用不同的角度展現景物的特點，這樣才能讓你筆下的景物生動鮮明起來。

多多老師考考你

請小朋友動動聰明的小腦袋，把下面這個日出的景象更具體地描繪出來。

早上，天色還有點暗，天上的星星還隱約可見。過了一會兒，天空開始發白。再過一會兒，東方的天空開始變成紅色，一輪初升的太陽爬上天空。

改寫後：

**解答請參見p.283

空間順序觀察法

依遠近、上下順序梳理層次

描摹春雨圖　眼花繚亂，好暈啊！

昨天是週末，爸媽帶高斯回郊外的外婆家，正好趕上一場好雨。

吃過飯後，一家三口呼吸著新鮮空氣，來到田野散步。走著走著，爸爸忽然詩興大發，即興賦詩一首：「綠樹含春雨，青山護曉煙。攜筇出磯上，何以地行仙。」

「哇，老爸好厲害！還會作詩呢！」高斯用崇拜的目光看著老爸，好像老爸做出了不起的事情。

「嘿嘿，這首詩不是老爸的原創，是唐伯虎的詩，老爸只不過『借用』。不過，爸爸相信，根據這幅春雨圖，我的兒子肯定也能寫出一篇優秀的原創作文來！你願意試試嗎？」

「那有何難！你聽我的！」高斯拍拍胸脯，便開始做文章：

KING

今天，我和爸爸媽媽來到田野間散步賞雨。站在田間向遠處望去，春雨好像在天地間織了一張密密的網。腳下的草地上，小草紛紛抬起頭，迎接雨水的滋潤，歡快地洗著澡。天空中飛來幾隻燕子，嘰嘰喳喳唱著歌，結伴往遠處飛去。還有……遠處的小池塘裡，雨水激起了一圈一圈的漣漪，向周圍蕩漾，好像一個個跳舞的水精靈。再看我們身後的房屋，雨絲落在不遠處的屋頂上，好像一把把小刷子，把紅磚綠瓦打掃乾淨。雨水順著屋簷流下來，緩緩流成一條條水鏈……

「停停停！兒子，你趕緊停下吧，再說下去老爸老媽的脖子都快斷了！」爸爸媽媽哭笑不得地阻止了高斯的「即興創作」。

「啊？為什麼脖子快斷啦？」高斯困惑地問老爸。

「你看，我們的脖子隨著你的介紹，一會兒遠一會兒近，一會兒高一會兒低，一會兒前一會兒後地轉來轉去，當然快斷了！」爸爸抱怨道。

「就是呀，景物描寫的時候要按照一定的順序來寫，這樣讀者看起來才有條理呀。你這樣忽高忽低忽遠忽近的，讓人看了眼花繚亂，都要被你繞暈了！」媽媽笑著說。

聽了這些，高斯才知道自己錯在什麼地方，傻笑起來：「老爸老媽，你們放心，我知道怎麼寫啦！肯定能寫出一篇像樣的作文給你們看！」

多多老師分析

如何有次序地描寫景物？

唉，沒想到高斯一番滔滔不絕的賣力演說，卻讓爸爸媽媽受了一回災難。不過這段文字還是很優美的，只是描繪的順序有點錯亂，稍微修改一下，就是一段文采斐然的好文章：

> 今天，我和爸爸媽媽來到田野間欣賞春雨。
>
> 站在田間向遠處望去，春雨好像在天地間織了一張密密的網，又像是一陣陣青煙，籠罩在田野上。**【地上遠景】**
>
> 雨絲落在不遠處的屋頂上，好像一把把小刷子，把紅磚綠瓦打掃乾淨。雨水順著屋簷流下來，緩緩流成一條條水鏈。**【地上遠景】**
>
> 就在我們前方，有一個小小的池塘。池塘裡，雨水激起了一圈一圈的漣漪，向周圍蕩漾，好像一個個跳舞的水精靈。塘邊的草地上，小草紛紛抬起頭，迎接雨水的滋潤，歡快地洗著澡。**【地上近景】**
>
> 這時，天空中飛來幾隻燕子，嘰嘰喳喳唱著歌，結伴往遠處飛去……**【天空近景轉向遠景】**

這篇修改後的文章，按照觀察的順序是由遠到近、由下至上，這樣一來條理很清晰，讀起來也很順暢。可見，我們在描寫景物的時候，必須按照一定的空間順序來寫，才能把景物寫得既具體又有規律。

Tip 描摹景物有條理的兩個步驟

(1) 先找好立足點，有順序地展開觀察

畫家在戶外寫生的時候，總是把畫架固定在一個位置上，這個點就是觀察的立足點，而畫家也是在這個點上有順序地觀察事物。

其實，寫作文跟畫畫一樣，都是要站在一個固定的立足點上，按照一定的空間順序把景物呈現在讀者眼前。即由近到遠或由遠到近，由高到低或由低到高，從左至右或從右至左等。

例如，有位小朋友運用這個技巧，寫下了這段文字：

近處，海面那麼明淨清澈。輕輕的波紋漸漸地向岸邊移來，愈來愈近，沖在沙灘上、岩石上，泛出層層白花，濺起顆顆銀珠，又悄悄地消失在海灘上。遠望，

海水彷彿連在一起。天邊漂浮著幾朵白雲，恰如出海捕魚的帆船，緩緩地向遠方飄去……

在這個片段中，小作者立足在海邊，按照由遠到近，再由近到遠，最後由下至上的順序來描寫大海，井井有序地表現大海的特點。

(2) 善用方位詞來表明觀察順序

景物描寫必須要用一些方位詞——「東西南北」、「上下左右」等，再將這些方位詞的順序進行組合排列，來展現你的觀察順序。例如在寫大海時，可以用到「海天相接的地方」、「遠處的海面上」、「不遠處的海島上」、「近處的礁石上」、「海灘上」、「腳下的海岸」等等表示方位變化的詞，**無論是由近到遠還是由遠到近，一定要展現這些視角方位變換**，這樣就能讓讀者清楚知道你的描寫順序。

在一位小朋友的作文片段中，就運用了這個小技巧：

向遠處望，悠悠的河水繞過村子西邊，一直流到不遠處的河堤。河堤上佇立

> 著兩排楊柳，伸展著細長的柔枝，輕輕地隨風飄動。來到近處，一條大路通往村子，村裡的小路彎彎曲曲，四通八達。家家戶戶門前都栽著楊柳，種著花草，院子裡收拾得乾乾淨淨。

這段描寫中，小作者使用了「遠處」、「不遠處」、「近處」、「村裡」、「門前」、「院子裡」這些不斷變換的方位詞，使得讀者能清楚地看到，作者採用了從遠到近、從村外到村裡，再到人們的院子裡的描寫順序。讀起來有條有理，非常順暢。

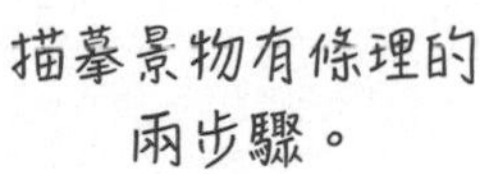

◎先找好立足點，有順序地展開觀察，可由遠到近，也可由近到遠。
◎善用方位詞，例如：遠處、不遠處、近處、空中等，讀來更有立體感。

親愛的小朋友，請你動動腦筋，將以下這段文字按照一定的空間順序，重新梳理成一段有條理、有層次的文章吧！

小溪的一邊是果園。春天，花香瀰漫；秋天，碩果纍纍。田野的盡頭，連綿起伏的山峰猶如大海裡起伏的波濤。溪水是那麼清澈、明淨，水裡的小魚無憂無慮地游來游去。山腰的公路，像一條銀灰色的絲帶飄向遠方。一條小溪從我們村裡流過。小溪的另一邊是田野。如今沉甸甸的麥穗，正點著頭報告豐收的喜訊。

**解答請參見p.284

招式

4 動態表現法

善用擬人、擬物手法，以動寫靜

無聊風景畫 變成大家愛的動畫

今天的作文課上，徐老師問了大家一個「笨問題」：「你們喜歡看動畫嗎？」這種問題還要問嗎？十個小朋友裡面，就有十個喜歡看動畫呀！大家聽了徐老師的話，都覺得徐老師莫名其妙。

徐老師接著又問了一個更加「菜鳥級」的問題：「你們喜歡寫景物描寫作文嗎？」

一說到這個話題，大家的話匣子被打開了：

「啊？誰會喜歡描寫景物啊！一點意思也沒有！」

「就是嘛，我最討厭的就是景物描寫作文啦！」

「別說寫了，我連看都不喜歡看描寫景物的文章……。」

……

一時之間，教室裡各種聲音都有。這時，高斯同學大搖大擺地舉手站了起來，帶著他招牌式的調皮笑容對徐老師說：「老師，我來解釋吧，景物描寫作文就像一幅風景畫，我們這個年紀沒興趣欣賞安靜的藝術。我們喜歡動畫，因為動畫生動又好玩。」

聽了高斯的話，徐老師微笑著對大家說：「高斯說得很對，我想這肯定也代表你們的想法。不過，今天我要教大家一個描寫景物的好方法，讓你把筆下的『風景畫』變成『動畫』！」

徐老師刻意忽略同學們懷疑的眼神，說出了她的「祕訣」：「你們描寫景物之所以像風景畫一樣死氣沉沉，是因為你們描寫景物的時候，只是死板地描繪景物的形狀、顏色、大小等，從來不注意刻劃景物動態的樣子，沒有讓筆下的景物『活』起來。有一位同學描寫桃花盛開的場景，我們一起來看看他寫得好不好：

春天到了，桃樹上開滿了桃花，粉的、白的、紅的，真是可愛極了！

「你們從這短短的一句話中，看出桃花有多『可愛』了嗎？恐怕，你們的答案和老師一樣——沒看出來！因為這句話只是單純地寫出桃花的顏色，就算是假花也能有這麼多的色彩啊！而真的桃花與假花的區別在於：真花有生命、活力，我們只有把動態的美表現出來，才能讓讀者體會到桃花的可愛。

「那麼，現在大家來想一想，加入怎樣的動態描寫，才能使這道美景鮮活起來呢？」

多多老師分析

如何把景物寫「活」呢？

想讓筆下的景物生動起來，只有靜態的描寫是不夠的，必須要有動態的刻劃——這就是所謂把「風景畫」變成「動畫」的訣竅。

比如上面描寫桃花的句子，除了描寫顏色之外，我們還可以為桃花加上什麼「動作」描寫呢？有一位小朋友把這些燦爛的桃花想像成調皮的花仙子，這樣一來，靜靜的桃花林就熱鬧起來了！

枝頭擠滿了桃花，像一個個調皮的仙子。她們有的穿著白色的衣裙，有的穿著粉色的，還有的穿著紅色衣裙，好像在召開選美大賽呢！你看，她們爭奇鬥豔的，粉的、白的、紅的花瓣層層疊疊，晃動著嫩黃的花蕊，爭相展示自己美麗的姿態。成群的蜜蜂和蝴蝶被這些美麗的精靈迷住了，不停地在她們眼前說著讚美的話，親吻著她們。一陣風吹過，空氣中散發著陣陣清香，把我們帶入了一個夢幻般的仙境。

小作者把桃花寫成了仙子，把各色的花瓣想像成仙子的裙子，把桃花擁擠的狀態寫成「選美大賽」，還讓蜜蜂蝴蝶成為花朵們的仰慕者。這樣一來，原本寂靜的桃花林便成了熱熱鬧鬧的仙境，這一切景物顯得那麼生動有趣！讀者看到這裡，好像已經身在其中，感受到那清新的花香和熱烈的氛圍了！

兩招魔法讓景物瞬間動起來

有些景物看起來靜止不動，比如一座大山，長年累月地站在那裡，也沒見大山動一動；有的景物卻時刻在活動，例如不停流動的水。但是，這些動靜的狀態並不是一成不變。看上去靜止不動的大山裡，多的是活蹦亂跳的小動物；而那永不停歇的小河，也有結冰靜止流動的時候。

描寫景物，不僅要寫出景物的靜態美——形狀、大小、色彩等；更要寫出景物的動態美——景物瞬間在形態、色彩、聲音等方面的變化，這樣有靜有動，動靜結合，才能全面表現出景物的特點，讓看上去「死氣沉沉」的景物像動畫那樣生動起來。

(1) 運用擬人、擬物修辭，以動態寫靜物

曾經有位小朋友寫了一篇關於火燒雲的作文，裡面有一段文字：

東方的天邊出現了火燒雲，雲彩是五顏六色的，有紅色、金色、紫色、灰色……真好看啊！

小朋友，你們覺得這段文字寫得「有趣」嗎？多多老師可不這麼覺得！小作者只是單純描寫靜態的火燒雲，有著不同的顏色，給人的感覺就是這些火燒雲是釘在天空中，呆板無趣。至於火燒雲的動態變化，一點也沒展現出來！

我們還是看看另一位小作者是怎麼寫火燒雲的吧：

美麗的火燒雲是位魔術師。才一下子，火燒雲已變出了一條紅色的龍，威武地在天上飛來飛去，最後不知道飛到哪裡去了。接著，它又變出了一隻灰白相間的小狗，嘴裡好像還叼著骨頭。風一吹，那隻小狗也模糊了。過了一會兒，天空中出現了一隻金色燦爛的大公雞，牠驕傲地昂著頭，好像在喔喔嗚啼……

作者把形態各異的火燒雲寫成了活靈活現的小動物，讓靜止的雲彩「動」了起來，讀起來既生動具體，又滑稽有趣。

所以，多多老師要告訴小朋友一個小方法：**描寫景物的時候，盡可能運用擬人、擬物的**

修辭手法，把看似靜止不動的景物賦予人或者動物的形態，讓你筆下的畫面生動起來。

(2) 運用恰當的動詞，準確捕捉景物的動態瞬間

描寫動態的景物，就跟描寫人的動作一樣，需要用恰當的動詞來描繪，從而使景物的特點更準確、傳神。例如，有位小朋友寫了這個片段：

細如絲的春雨輕柔地親吻著大地，為大地帶來無限生機。春風靈巧地穿越過田野，擁抱著大自然中每一個成員，散布著春天到來的消息。小草在春風的召喚下甦醒了，偷偷鑽出地面，扭動著腰，跳起春天的芭蕾舞。小溪也掙脫僵硬的冰衣，一路歡笑著向山下跑去，在轉彎的地方揚起小小的白色浪花，好像跳動的音符。溪邊垂柳晃動柔軟的手臂，逗弄枝頭的小燕子……

在描寫景色時，動詞往往發揮了十分關鍵的作用。例如，寫「小草從土壤裡冒出來」，就不如寫「小草扭著腰，調皮地從土壤裡鑽出來」，更具體生動。

小作者描寫動態的春雨、春風、風中的小草、柳樹、解凍的小溪等事物，運用了「親吻」、「穿越」、「擁抱」、「扭動」、「跑」、「晃動」等動詞，具體生動地表現春天到來之後田野上植被、動物復甦的景象。例如，寫春雨降臨大地的姿態，用了「親吻」這個動詞，把春雨細柔、滋潤大地的情形描寫得生動又富情趣，淋漓盡致表現春雨的動態。

多多老師考考你

親愛的小朋友，以下是一位小學生作文中的片段。但是，這段景物描寫有點呆板、生硬，請你幫他改一改，為他的作文增添動態美。

來到海邊，我看到一地的沙灘。沙灘上有很多貝殼和螃蟹窩。遠處的海面上，有很多海鷗，還漂著很多浪花，還有打魚的漁船。

＊提示：加入譬喻、擬人的修辭，讓靜態的畫面活動起來。

**解答請參見p.284

修辭提味法

運用誇飾、譬喻修辭，提升作文魅力

爛作文大王 高斯變身催眠大師

一向以「爛作文大王」著稱的高斯，最近幾天卻被傳為某某世家第N代「催眠師」傳人！這個爆炸性的消息很快就在校園裡瘋狂傳開，甚至還有別班同學慕名而來，要見識一下這位催眠師的風采！不過，幸虧這些粉絲都被高斯的經紀人——大塊頭英格力堵在了門外。再看高斯一副愁眉苦臉的樣子，一點也沒有「大師」的風範。這其中是不是有些誤會呢？

唉，還得從前幾天的作文課上開始說：

那天作文課，徐老師像往常一樣踏著沉重步伐走進教室，又像往常一樣拿出高斯同學的「大作」，唸了起來。像往常一樣，高斯的這篇作文還是保持一貫「不看不知道，一看就想笑」的風格。只不過，這篇作文又多了令人意外的「功能」——催眠。

你聽，徐老師的聲音「飄」過來了：

這天傍晚，吃過晚飯，我來到荷塘散步。走著走著，遠處傳來一陣陣青蛙的叫聲和流水的聲音。又走著走著，我發現池塘裡有很多水，水上漂浮著很多荷葉，荷葉上長著荷花。又走著走著……

「呼……呼……」什麼聲音？

就在徐老師「飽含感情」地朗讀高斯的作文時，教室某個角落傳來了香甜的呼嚕聲！抓到「嫌疑人」之後，意外地，徐老師並沒有責備他，而是把矛頭對準了高斯：「高斯，你的作文都能催眠同學了，你難道沒有什麼想法嗎？」

聽了徐老師的話，大家哄堂大笑！於是，從這一天起，高斯就被大家稱為「催眠師」。

多多老師分析

如何避免作文枯燥乏味？

小朋友，你們看了高斯的作文，有沒有昏昏欲睡呢？多多老師雖然還沒到要睡著的程度，但是也覺得這篇作文相當枯燥乏味，根本就讓人看不下去呀！聰明的小朋友，你們知道這是什麼原因造成的嗎？

獎狀
光榮榜
××作文
××作文
××作文
××作文

其實，就是因為高斯的作文用詞枯燥、了無生氣，讓人讀起來忍不住想打瞌睡。那麼，怎麼樣才能讓自己的作文生動有趣起來呢？

多多老師有一個非常好的妙招，那就是**在作文中加入一些譬喻、擬人、誇飾等修辭手法，讓文章用詞更生動、風趣，更吸引人。**

因此，我們只要動動手修改高斯的作文，就能寫出「漂亮的片段」：

> 太陽像害羞的小女孩，紅著臉回家。我閒著沒事做，來到荷塘邊散步。一出家門，一陣風吹來，我聞到一股淡淡的清香，我知道那是荷花的清香。走近荷塘，小鳥嘰嘰喳喳地唱著一曲婉轉動聽的樂曲，不遠處，幾隻青蛙身穿綠色禮服，組成小小的樂團。牠們和小鳥齊聲歡唱，為荷塘演奏〈夏夜曲〉。
>
> 荷塘裡的荷葉挨挨擠擠的，像一個個碧綠的大圓盤，又像一把嫩綠的小傘。荷花從荷葉之間冒出來，像一群害羞的小女孩，紅著臉望著大家。微風一吹，荷花和著蛙鳴聲翩翩起舞，就像舉行一場歌舞會！

如果高斯先前寫的作文是「清湯煮白麵」，那麼修改之後的作文就是「色香味俱全」了！在這段文字裡，我們綜合運用了擬人、譬喻的修辭手法，將傍晚時分的太陽變成了「害羞的小女孩」，形象貼切；聒噪的青蛙被擬人化，變成了樂隊裡的「小紳士」，生動鮮明

——讓我們讀著有身臨其境的感覺！

這就是修辭手法的魅力，為平淡乏味的語言注入新鮮活力。

Tip 修辭用得好，文章立刻鮮明生動

(1) 用修辭呈現想像，讓枯燥的文字變生動

明明寫相同景物，有的小朋友寫得生動活潑、有趣極了，優美的文字像一曲動人的音樂！而有的小朋友寫出來很枯燥，讀起來像初學者拉二胡，聽起來枯燥無味。這就是因為沒有運用豐富的想像力，在作文中加入適當修辭。

例如，有的小朋友寫到夏天的青蛙時，就枯燥地說一句「稻田裡的青蛙呱呱亂叫」，這樣的句子有什麼美感呢？而更高明的小朋友就會寫：

稻田裡，青蛙「呱呱」叫著，好像一群披著綠色燕尾服、穿著白襯衫的音樂家。

這樣前後對比，我們就能看出其中的差別了。聒噪的青蛙被想像成音樂家，一下子就變得可愛多了！

你看，這就是運用修辭之後的語言魅力！

(2) 修辭一定要符合事物的特點

修辭的語言不光是華麗就可以了，最重要的是符合事物本身的特點，否則就會鬧出許多笑話。

例如，多多老師曾經看過：「圓圓的月亮升上天空，好像一個金色的大圓盤」、「盛開的梨花好像小女孩粉紅的笑臉」。稍微有點常識的小朋友都知道，初升的月亮是白色的，怎麼會像一個「金色的大圓盤」呢？盛開的梨花也是白色的，不可能像小女孩「粉紅的笑臉」。

這兩個句子運用譬喻的修辭手法，語言很優美，但是不符合事物本身特點，讓人啼笑皆非。

(3) 不能過分誇飾，脫離實際

誇飾的修辭手法，是運用適當地誇大或者縮小的方式，來更好地凸顯事物某一特點。例如，我們在形容一座山很高大時，說它「好像要把天捅出一個大洞」，就能凸顯這座山的高大。

很多小朋友喜歡在自己的作文中運用誇飾法，「語不驚人死不休」，但有時運用不當，過分誇張，反而鬧出不少笑話。曾經有位小朋友寫：

我家門前有一棵高大的樹。聽爺爺說，這棵樹已經在這裡度過二十幾個年頭了。大樹的個頭幾乎有兩層樓那麼高，我坐在樹上往下看，地上的人像小螞蟻一樣……

這位小作者本意是好的，想要利用誇張的方式表現樹的高大。但是多多老師透過自己的經驗得知：從區區兩層樓的高度向下看，地上的人絕對不可能會小到像「小螞蟻」。小作者明顯是誇張過頭，只會讓讀者覺得好笑而已。

由此可見，雖然誇飾法可以為我們的作文增添色彩，但是我們誇飾要有限度，不能脫離實際。

運用譬喻修辭注入想像，將夏日鳴叫的青蛙形容成身穿燕尾服的音樂家，文章美感立刻升級。

多多老師考考你

小朋友，請你運用自己擅長的修辭手法，為下面這些枯燥的句子注入生動的活力吧！

❶ 小鳥在樹枝上跳動。

修改後：

❷ 天上的星星一閃一閃。

修改後：

❸ 一顆顆水珠在荷葉上滾動。

修改後：

❹ 窗外，風吹翠竹，沙沙作響。

修改後：

❺ 雪花隨風飄揚。

修改後：

**解答請參見p.284

招式6 精準譬喻法

比喻除了「形似」更要「神似」

一頭白髮像柳絮▶頭皮屑比較像吧？

天底下能想出「一頭白髮像柳絮」這種譬喻句的人，除了英格力恐怕沒有第二個人了。所以，當徐老師唸完英格力的作文之後，大家都是一臉莫名其妙：「白頭髮和柳絮雖然都是白色的，但是柳絮輕飄飄地飛在天上，是塊狀的，而白頭髮是一根根分開，兩者之間有什麼關係呢？」

高斯更是語出驚人：「頭髮也未必和柳絮沒關係，頭皮屑就像柳絮一樣嘛！」聽了高斯的話，大家都做出噁心的表情。果然是好朋友，可謂「心有靈犀一點通」了！現在，連徐老師都有些頭疼：「有很多同學，都喜歡在作文中運用譬喻法來為自己的文章增添色彩。但是，譬喻法是有要求和限制的，不能亂比。譬喻，講究的不僅是『形似』，更要『神似』，精準地展現出被譬喻事物的形態。高斯，你這個譬喻，先不說兩者外形是否有相似點，單就意境來說，實在是太低俗了！」

高斯聽了徐老師的話，實在很不服氣：「我就覺得我說得很有道理。要不然，您讓同學們都來比比看，看有沒有人比我更具體的？」

聽高斯的口氣，好像在跟全班同學下戰書一樣。既然如此，大家也都不客氣，躍躍欲試。

李小白是第一個挑戰者：「奶奶滿頭的白髮，好像披著一層白色的月光。」

「我也來說一個！滿頭的白髮，好像銀色的絲線。」另一位同學接道。

過了一會兒，大家正苦思的時候，有人來了一句：「灰白的頭髮，亂蓬蓬的，好像乾枯的蘆葦。」

……

高斯聽著聽著，不禁有些不好意思。大家的譬喻都很好，比起自己的，簡直優美太多了！於是，他就在心裡暗暗下定決心：「下次一定要寫出漂亮句子給大家看！」

多多老師分析

使用譬喻法要注意什麼？

多多老師也曾犯過像高斯這樣「低級」的錯誤呢！當時牢記小學老師的教誨：「要想作文寫得好，修辭手法少不了」，於是，多多老師挖空心思寫了好多譬喻句。其中有幾個句子，老師至今難以忘懷——因為這幾個句子的比喻實在太奇怪了！

◆一個炎熱的夏夜，我和奶奶坐在院子裡乘涼。抬頭一看，天上的星星真多啊！像一粒粒石頭一樣！

◆爸爸的耳朵很大，像豬耳朵一樣。

◆知道出遊的計畫泡湯了，我的臉皺得像泡麵一樣。

唉，真不知道自己那時候是怎麼想的，居然能把一閃一閃亮晶晶的星星，和灰禿禿、硬梆梆的石頭聯想在一起，而且還把爸爸的耳朵比喻成豬耳朵！至今多多老師都很慶幸當初沒讓爸爸看到這個句子，否則一定挨揍！再說，臉就算再皺，也不可能變形成彎曲的泡麵吧！這些句子，既談不上形似，更談不上神似，還不如不要拿來譬喻呢！

現在回想起這些句子，多多老師自己都覺得害羞啦！可是，老師也知道，還有很多小朋友也曾犯過一樣的錯誤。幸好老師現在掌握了寫好譬喻句的訣竅，那就是：**譬喻既要形似，更要神似**。

Tip 寫出準確譬喻的三個重點

(1) 兼顧外形和內在，抓住喻體和喻依的特點

「喻體」，就是你想要描寫的事物。「喻依」，就是把所描寫的事物比作的事物。例如「彎彎的月亮像鐮刀」一句中，月亮就是喻體，鐮刀就是喻依。

造成譬喻不當的原因，就是因為沒有真正掌握喻體和喻依各自的特點。或者，只是單單看到兩者外形上有相似點，而忽略了從內在形態、神韻上也要有相似點。

例如：「老爺爺臉上佈滿了皺紋，好像起伏的波浪。」在這個句子中，皺紋是喻體，波浪是喻依。兩者都是一道道的，在外形上具有相似點。但是，皺紋是靜止不動的，波浪卻是不停奔流，二者在形態上顯然沒有相似點。所以，這樣的譬喻就是失敗的。

因此，小朋友在寫譬喻句之前，一定要先仔細觀察和思考喻體和喻依各自的特點。既要在外型上有相似點，更要在內在形態、意境上有相通之處。

(2) 根據不同情境運用恰當的譬喻

對於同一樣事物，在不同情境中，譬喻的方法是不是一樣呢？答案是——不一樣。

這就好比一個小朋友，在高興的時候蹦蹦跳跳得「像隻小兔子」，而當他傷心難過的時候就成了「乾癟的茄子」或「洩氣的皮球」。雖然是同一個人，因為情境不同，做出的譬喻

也就不一樣。否則，就會造成譬喻不當。

多多老師就曾見過這種譬喻不當的句子——「她委屈極了。眼睛紅紅的，好像漂亮的紅葡萄」。明明是一雙傷心委屈的眼睛，小作者卻把它們譬喻成了「漂亮的紅葡萄」，還怎麼能看出主角的委屈傷心來呢？這就是明顯的譬喻不當。

所以，**小朋友若想使自己的譬喻既形似又神似，就要學會分情境、看場合說話。**

(3) 感情色彩不同，所用的譬喻也不同

因為表達的感情不同，所以譬喻句也有情緒上的差別。一般而言，句子的感情色彩可分為褒義和貶義。好多小朋友不懂得區分句子的褒貶意義，結果鬧出很多笑話。

有位小朋友寫媽媽生氣的表情：「媽媽喘著粗氣，臉紅得跟猴子屁股似的！」

把人的臉和猴子屁股聯想在一起，一聽就不是

根據不同情境，所用的譬喻就要不同喔！同樣是形容高斯，開心時可以比喻成「蹦蹦跳跳的小兔子」，傷心時就要用「乾癟的茄子」或「洩氣的皮球」來比喻才恰當。

什麼讚美的話，肯定是含有貶義的，怎能用在親愛的媽媽身上呢？

如此看來，譬喻句不能亂用，也要根據作者的褒貶來造句。像下面這位小作者，就很懂得這一點：

我們小村子有一個人人討厭的小混混，他就是賴三。一聽他的名字，你就知道他不是什麼好人了。每天無所事事，打架鬥毆，就像個瘟神，把小村子搞得烏煙瘴氣。你看他那亂蓬蓬的頭髮，染得五顏六色，像一把雞毛撣子！

這段話裡，把小混混比作「瘟神」，將他的亂髮譬喻成雞毛撣子，小作者的厭惡之情油然而現！

多多老師考考你

親愛的小朋友，請將下列句子改寫成譬喻句，不要忘了既要「形似」，也要「神似」喔！

❶月亮一會兒鑽進雲裡，一會兒又從雲裡鑽出來。

修改後：＿＿＿＿＿＿＿＿＿＿

❷微風吹過陽光照耀的湖面，反射出點點金光。

修改後：

❸幽靜的山谷裡，一條小溪靜靜流淌。

修改後：

❹寬闊的馬路上，各式各樣的汽車穿梭來往。

修改後：

❺遠看長城，它在崇山峻嶺之間蜿蜒盤旋。

修改後：

❻小雨悄悄地下著。

修改後：

單點聚焦法

不必面面俱到，只求把一處景色寫好

奶奶家後院　又出現一個貪吃鬼

貪吃一向是英格力的專利，誰知道在今天的作文課上，高斯卻被徐老師說「貪多嚼不爛」。咦？難道是高斯也被英格力同化，吃起東西來狼吞虎嚥？錯！徐老師說的不是高斯的吃相，而是他那亂七八糟的作文啊！

這究竟是怎麼回事呢？

奶奶家的後院

奶奶家有一個後院，裡面有很多好玩的東西。

東面有很多蔬菜，有豇豆、絲瓜、黃瓜、番茄，旁邊還有葡萄、牽牛花、爬山虎，另一邊有很多雞、鴨、鵝。

西面種了很多花，有美人蕉、夜來香、向日葵等等。

中間有很多亂七八糟的東西：大樹、自行車、破椅子、大蒲扇、小矮桌，還有大瓷缸和收音機。

這就是奶奶家的後院。

徐老師看完這篇作文，直接在上面批了五個字——「貪多嚼不爛」！高斯看了之後，摸不著頭緒，茫然地看著徐老師。

徐老師說明：「觀察一處景物的特點，不能見到什麼寫什麼，不必面面俱到，而是應該有所側重，**只要把一處具有代表性的景物寫好就可以了**。如果像你這樣，對每樣事物都三言兩語帶過，很難寫出各自的特點，這不就得不償失嗎？更何況，今天你寫的是後院，就要交代這麼多事物，如果讓你寫一整座山，這樣要寫到哪一年呢？」

高斯若有所思地點點頭。

多多老師分析

面面俱到不好嗎？

親愛的小朋友，在你們身上有沒有發生過這種「貪多嚼不爛」的情況呢？

實際上，**這種面面俱到的寫作方法，造成的結果就是面面寫不好**。所有的景物都用一兩句話帶過，怎麼能凸顯景物的特點呢？小朋友想一想，用一百個字去描繪一百種景物，和用一百個字去描寫一種景物，哪一種方式才能凸顯景物的特點呢？我想，聰明的小朋友肯定知道正確答案。

接下來，多多老師還是「用事實說話」，帶大家看看高斯修改後的作文和之前相比有什麼不同：

奶奶家的後院

奶奶家有一個後院，裡面有很多好玩的東西。

一進到院子，首先看到三間小屋。屋簷下掛著一串串紅辣椒，就像一串串鞭炮。還有一串串的老玉米，黃澄澄的，就像在屋簷上掛了幾串黃燈籠。

院子的東面是一道矮矮的磚牆，牆邊搭滿了竹架子，架子上爬滿了豇豆、絲瓜、黃瓜的幼苗。但是最讓我開心的，還是那棵茂密的葡萄樹。到了春天，葡萄樹開始抽出新的嫩芽，那時我就期待夏天能早點到來，好讓我吃到滿架的水晶葡萄！現在，我終於能大飽口福了！你看，那一顆顆葡萄，好像一個個胖嘟嘟的娃娃，身上穿著紫色的外衣，外面還披著一層薄薄的白紗，真是可愛極了！成熟的葡萄晶瑩剔透，散發著誘人的香味，在微風的吹拂下輕輕飄動，好像在邀請我品嘗！摘一顆葡萄放進嘴裡，真甜！

院子的西面是高高的籬笆，籬笆下面種了很多花：鮮紅的美人蕉、小喇叭一樣的夜來香，還有迎著太陽開放的向日葵等等。這些美麗的花朵，把奶奶的院子裝飾得更美了！

我愛奶奶家的後院！

小朋友們，這篇作文和上一篇比起來，把重點放在了葡萄樹上。利用對葡萄樹的聚焦描寫，生動地表現出後院所帶來的喜悅和快樂，飽含著小作者對後院的喜愛和留戀。而且，這樣寫來，條理更加清楚，讓讀者一目了然。

Tip 專注寫好景色的祕訣

(1) 這邊風景特別好——細寫印象中最美的「一處」景物

就像在你所有的玩具中，總有你最喜歡的那一個玩具，在你見過的所有景色中，總有一處景物令你最難忘懷。如果要寫成作文，這個獨特的景物，就應該是你寫作的重點。

例如，同樣是遊覽植物園，有的小朋友喜歡看花，有的小朋友喜歡看草，有的小朋友喜歡看樹。寫作文的時候，這些愛好不同的小朋友，所觀察到的事物就有所不同。如果他們都是面面俱到地將所有花草樹木都寫下來，就失去了自己的特色，也沒有寫作重點了。

所以，我們**在寫景物描寫作文的時候，不要貪多，寫出自己心中最美的景色就可以了**。

(2) 春夏秋冬選代表——寫出景物「某一時刻」的特點

很多小朋友都有過這樣的寫作經歷：寫某處景物時，總要把春夏秋冬、清晨黃昏等不同時刻的狀態都描寫一番。

例如，有的小朋友寫山水，就寫春天的山

景物篇
招式
7
單點聚焦法

寫好景色的祕訣，
你都會嗎？

◎細寫你覺得最美的一處景物即可。
◎春夏秋冬的景色不必全寫，應著重寫出某一時刻的特色。

水是什麼樣，夏天的山水是什麼樣，還要寫秋天的山水、冬天的山水……。

有的小朋友寫花草，不僅要寫清晨的花草，還要寫黃昏的花草，還有晴天的花草、雨天的花草……。

這樣的描寫，雖然也是寫一處景色，但是卻描寫了不同季節、不同時刻、不同天氣裡各個方面的景色特點，這樣和那些「面面俱到」的作文有什差別呢？

因此，還是應該抓住某一處景色，在某一個季節或者時刻的特點來寫，側重寫好一個面向，這樣才能把景物描繪得更傳神。

多多老師考考你

小朋友，以下幾處景色，哪一個是你最喜歡的呢？請你用自己的文字，把最喜愛的寫成一段文章吧！

傍晚的火燒雲／早上的日出／清晨的鄉間小路／小雨霏霏的花園／白雪皚皚的田野／剛剛發芽的柳枝／夕陽西下時的晚霞／灑滿月光的小河

**解答請參見p.284

第4章

加分技法篇

加進巧思讓你的作文與眾不同

Q版漫畫學妙招

4招讓你的作文脫穎而出

設置懸念引人好奇

寫作文，尤其是寫記敘文，要學會設置懸念，吸引讀者好奇地往下讀。如何設置懸念呢？你可以先寫結果，把原因留在後面說；可以故意在開頭賣關子，也可以把最精采的部分放在前面說。

製造反差，先寫小缺點再稱讚

如果你想稱讚一個人，不妨先說說他無關緊要的小缺點，然後話題一轉，再稱讚他。這種「欲褒先貶」的寫法，會使稱讚更加令人印象深刻，也更凸顯人物的形象。

好作文是反覆修改的成果

每個人寫完作文後，難免會有一些錯字、贅詞、不通順的文句等等，也許還會不小心離題。因此，寫完作文並不算完成任務，還要認真修改後才算完成，因為好作文是修改出來的。

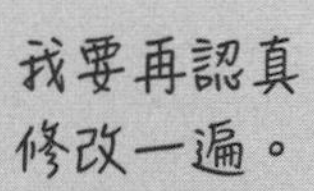

自定篇名時要與眾不同

篇名是揭示作文主題的關鍵，取篇名時一定要下一番工夫。將篇名擬定為〈一件難忘的事〉並不是不好，而是大家都用類似的題目，就無法吸引讀者。想要讓讀者眼睛一亮，就要取一些別出心裁的篇名。

開頭設置懸念

引誘讀者忍不住想看下去

吊人胃口　迷倒高斯的魔法作文

高斯偷東西了！他被當場抓到偷李小白的作文簿。

這是怎麼一回事呢？

原來，今天一大早，李小白就拿了自己的作文簿在高斯面前炫耀：「高斯，這是我上節課寫的作文，真的很有趣喔，徐老師說要你跟我好好學呢！作為你的好同學，我可以免費讓你欣賞一下開頭。如果你想整篇文章看完，就要求我囉！」

本來高斯不打算理會李小白，可是後來抵擋不住李小白的誘惑，拿過作文看了起來：

> 今天我一出門，就看見隔壁的王叔叔家門前圍了一圈人，吵吵鬧鬧的不知道發生什麼事。人群中間是王叔叔，只見他面容憔悴，臉色蠟黃，眼睛裡全是紅血

絲。更讓人震驚的是，他那原本烏黑的頭髮，此刻都變成了灰白色！到底發生什麼事呢？可憐的王叔叔為什麼忽然老了幾十歲呢？……

不看不要緊，結果這一看，作文裡的故事就像磁鐵一樣把高斯深深吸引住。正當他津津有味地想要接著看下去的時候，李小白「啪」地一聲把作文簿闔上：「免費閱覽時間到！想要繼續看，就求求我吧！」

「哼，求你？我偉大的高斯從生下來還沒求過人呢（高斯，難道你忘了你曾哭著求爸爸買玩具給你了嗎？）！不看就不看！」豪言一出，駟馬難追。雖然高斯為了面子放棄看這篇文章，但是故事的開頭就像小老鼠一樣搔著高斯的心：「到底接下來會發生什麼事呢？那個叔叔為什麼一夜之間變成了老頭子呢？」

於是，在接下來的時間裡，高斯左思右想，都快想破頭了！在內心反覆糾結後，高斯終於忍不住了！說了不求李小白，總不能食言，還是自己偷偷拿來看吧！

哪知道李小白這麼狡猾，早就預料到高斯會這麼做，當場就把他抓住了！

唉，不過是剛剛看了開頭，就把高斯「迷」成這樣，這篇作文的魔力可真強！李小白是怎麼寫出來的呢？原來，李小白的竅門就是：**在文章的開頭設置懸念，吊讀者的胃口**！這樣，讀者就會乖乖地把接下來的內容看完啦！

多多老師分析

如何利用文章開頭吸引讀者？

小朋友，你寫過像這樣從一開頭就能深深吸引別人的作文嗎？如果你的答案是沒有，那麼你的作文水準還有待提升呀。

為什麼這麼說呢？

因為評價一篇作文是不是好文章的標準，就是它能不能吸引讀者的目光。如果文章平淡無奇，讓讀者提不起興趣或反應平淡，讀完就忘了，那文章就是失敗的。而好的文章則會在開頭就吸引讀者目光，促使讀者急切地讀下去。

例如以下這幾個開頭，吊足了讀者的胃口：

◆不知什麼原因，一向相處和睦，日子過得甜甜蜜蜜的鄰居王叔叔和嬸嬸，今天一大早就吵起架來。聽見他們家門縫裡傳出乒乒乓乓摔東西的聲音。這到底是怎麼回事呢？

——〈叔叔家的錢不見了〉

◆天色愈來愈晚了。我獨自一人走在冷冷清清的大街上，感覺好孤單。想到媽媽剛才說的話，我的眼淚又忍不住流了下來。媽媽她是不是不愛我了？

——〈深深的隔閡〉

第一個開頭，用反常的現象引起讀者的好奇心，讓讀者思考小作者提出的疑問，忍不住接著看下文找答案；第二個開頭，沒有先交代事情發生的起因和經過，而是利用主角的心理狀態引起讀者好奇，讓讀者忍不住想知道，到底「我」和媽媽之間發生了什麼事，「我」為什麼不回家。

這兩個開頭，都是先吊讀者胃口，然後才在接下來的敘述中，讓讀者得知「真相」。這種方法會為我們的作文增添神祕色彩，引起讀者的閱讀興趣，是一個值得使用的好方法。

立刻迷住讀者目光的開頭寫法

(1) 回憶式開頭，帶讀者一起回溯

回憶式開頭，就是作者在開頭部分，對過去發生過的某件事做出評論——「一想到那件事，我就十分後悔……」；或者是看到某個場景、事物，睹物思人回憶起過去——「撫摸著柔軟的棉衣，我的思緒又回到了那一天……」。

運用回憶的方式開頭，能引起讀者好奇，帶領讀者走進自己的記憶中，去挖掘事情的「真相」。例如這個開頭：

每當打開這本相冊，看到那張熟悉的面孔，我的思緒便不由自主地回到孩提時代。

看了這樣的開頭，讀者都會忍不住猜測：照片裡的人是誰？「我」和這個人之間發生過什麼故事？於是，隨著作者的回憶，讀者的思緒也被帶到作者的孩提時代，去一探究竟了。

(2)否定常理，引發讀者的疑問

當一個人說的話不符合常理時，自然而然會引發人們的疑問：「他為什麼會這麼說呢？」接下來，大家就會想聽聽這個人的解釋，思路自然就轉移到這個人的觀點上。

在作文中也是一樣，如果作者在開頭提出與常識相反的觀點時，讀者自然就會繼續看下去，以求在下文中找到答案。

例如，有一位小作者在自己的作文開頭寫道：

人人都說「世上只有媽媽好，有媽的孩子像個寶」，我卻不這麼認為。在媽媽眼裡，我就是一株雜草，又小又醜的雜草……

看了這樣的開頭，讀者忍不住會問：為什麼「我」會這樣想呢？媽媽真的會這樣對「我」嗎？是不是「我」和媽媽之間有什麼誤會？

像這樣一連串的疑問，就會促使讀者繼續看小作者和媽媽之間到底發生什麼事。在這短短幾句的開場白中，讀者的注意力就已經被深深吸引了。

(3) 利用反常行為，吸引讀者往下找原因

在作文中，我們還可以採取這樣的方法——用反常的行為開頭，吊讀者胃口。例如：

> 說起我的小表弟，向來都仗著外公外婆的寵愛囂張跋扈、無法無天。今天卻表現得異常乖巧，還主動把遊戲讓給我玩呢，真稀奇！

讓讀者迫不急待想往下讀的三種開頭寫法。

◎回憶式開頭，先說結果，再帶領讀者一點一點挖掘真相。
◎否定常理，引發讀者的疑問。
◎人物反常的行為，吸引讀者往下找原因。

這樣的開頭寫出來，讀者的好奇心就被吊得高高的，忍不住接著讀下去，渴望找到小表弟「反常」的原因。

多多老師考考你

小朋友，現在讓我們來比一比，看看誰能寫出最吸引人、最充滿懸念的作文開頭吧！

＊範例：夜好靜好靜，月光悄悄灑進我的房間，我躺在床上，想著白天的事情，久久不能入睡。

換你試試看：

欲褒先貶

製造反差，使主題更鮮明

英格力的優點？誇人也要「拐著彎」

今天的作文課上，徐老師說了這句話：「誇人也要『拐著彎』。」

高斯聽了，非常不屑：「我聽過『拐著彎罵人』，沒聽說誰會『拐著彎』誇獎人呢！誇獎不就是要盡力誇嘛！從頭誇到尾，什麼好聽說什麼！」

徐老師聽了高斯的話，也不急著反駁他，而是交給高斯一項艱鉅的任務——誇一誇他的好朋友英格力。

要說英格力的缺點，高斯能說上兩小時都不結巴！可是要說優點……卻一點也想不起來。高斯心虛地看了英格力一眼，發現英格力正失望地看著他呢！

徐老師似乎明白高斯的尷尬處境，眨了眨眼睛，故作為難地說：「既然說不出優點，那你就說說他的缺點好了。」

「說起他的缺點那就多了，首先第一個就是貪吃！因為他很貪吃，所以身材很胖，又因為他很胖，所以他的體能測試總是沒達到標準！不過有時候，胖也有胖的好處。有一次我們出去玩，天上忽然下起大雨，空氣也變得寒冷。我們躲在屋簷下避雨，我凍得牙齒打顫，英格力就把自己的外套脫下來給我披上，還傻呵呵地笑著說：『我皮厚，一點都不覺得冷。』我穿著他的外套，還笑他皮粗肉厚呢……」說到這裡，高斯突然說不下去了。

徐老師笑咪咪地望著他：「怎麼不說了？」

高斯低下頭，仔細想了想，重新開口：「英格力身上確實有很多缺點：貪吃、貪玩、貪睡、反應慢……」說到這裡，高斯看了看英格力，發現英格力有些委屈地看著他。於是他接著說：「可是，他卻是世界上最好的朋友、夥伴。當我挨冷受凍時，他把自己的外套脫下來給我穿；當我餓肚子時，他毫不吝嗇地拿出自己所有的寶貝零食任我挑選；無論我想去什麼地方，玩什麼，英格力都在身邊陪著我；當我說他反應慢時，他都是不在乎地笑一笑，從來不把這些放在心上……所以，即使他有再多的缺點，他也永遠是我最好最好的好朋友！」

聽完這番話，同學眼神裡都是感動，甚至有幾個女生還偷偷擦眼淚。

這時，徐老師語重心長地對大家說：「同學們都應該給高斯一些掌聲，因為高斯剛才這番話非常感人！雖然他剛開始數落英格力很多缺點，但是緊接著『拐了個彎』，由這些缺點引出英格力了不起的優點。有了前面的否定，才能使接下來的讚美顯得更加真實感人，這種表達方式用在作文上，就是『欲褒先貶』。這就是今天我要教大家掌握的表達技巧！」

多多老師分析

先否定再讚美的用意是什麼？

小朋友，你們是不是也沒有想到，原來又懶又貪吃的英格力，竟然有這麼多美好的特質！你看，經過高斯的前後對比，我們知道英格力不僅善良大方，而且還很重義氣，真是一個不可多得的好朋友呢！

可是，假如反過來，高斯從一開始就直接誇英格力很善良、很關心朋友，雖然也不錯，但是感人的程度就大打折扣了！

因此，採取「欲褒先貶」的表達方式，能更加彰顯出人物的美好特質，使文章主題更深刻，而且還能讓敘述更曲折，更能吸引讀者。

Tip 該怎麼「褒」？又怎麼「貶」？

(1)「褒」和「貶」必須有鮮明對比

「貶」就是批評、否定，說的是一個人不好的地方；「褒」就是誇獎、讚美，說的是優點。**愈是在前面否定一個人，後面的讚美才會愈明顯。**因此，採用欲褒先貶的方法稱讚一個人，就要前後有所對比，而且對比必須要鮮明，產生強烈的反差才行。

例如：有位小朋友要讚美一位拾荒的老人無私奉獻，開頭卻寫老人總是貪小便宜，連小孩子手裡的空飲料瓶都不放過。在後面的敘述中才告訴讀者，原來這位老爺爺是把賣資源回收的錢捐給山區貧困的兒童，資助他們上學。小作者知道後，深深敬佩這位無私的老人。

像這樣前後強烈的反差，不僅令讀者更加震撼，也使得老爺爺的形象更具體。

(2)「褒」是重點，「貶」是襯托

欲褒先貶的手法，重點在於讚美一個人。所以，「褒」才是重點，而「貶」的部分只是陪襯，是為了更凸顯出「褒」。如果反過來，先大肆批評一個人，最後再輕飄飄地誇獎一句，這樣效果就會完全相反，而對讀者來說，也不知道你要表達的重點究竟是什麼。

所以，在運用欲褒先貶的手法時，必須把重點放在「褒」上。

(3)「褒」和「貶」之間要有關聯，轉折不能牽強

我們先來看看下面這位小作者是怎麼安排情節的：

開頭先寫老人「穿著一件破棉襖，身上散發陣陣怪味。他蜷縮在角落裡，拄著一根棍子，好像一個邪惡的老巫師」，後面卻寫老爺爺拖著身子，「挪到」被行人踹倒的小貓身邊，把小貓「小心翼翼地抱在懷裡，用棉襖裹住牠，帶給牠溫暖」。前後強烈的反差，讓讀者看到一位衣著破爛的老人，內心卻是如此美麗。

我們都知道，「醜陋」和「美麗」是一對反義詞，因為對比明顯，所以才能形成強烈反差，達到震撼人心的效果。

在運用欲褒先貶的手法時，優點和缺點之間要有對立關係，這樣在轉折的時候才能順暢，才可以使讀者覺得意外。不能隨便批評主角某個缺點，再讚美毫不相關的優點，因為這樣一來，前後兩部分沒有任何關聯，轉折生硬，就失去了欲褒先貶的真正意義。

多多老師考考你

看了以上的解說，小朋友對「欲褒先貶」了解多少呢？下面是一位小學生寫的作文開頭，請運用欲褒先貶的方法，續寫後面的內容。

＊提示：後面的內容應該與前面「我」的態度

運用「欲褒先貶」的注意事項。

◎「褒」和「貶」必須要對比鮮明。
◎重點放在「褒」，所以「貶」的內容簡單帶過即可。
◎「褒」和「貶」之間要有關聯，轉折不可牽強。

形成反差。是什麼改變了「我」對麗麗的看法呢？和她並不出眾的外表相比，祝麗麗有哪些優點展現她的「內在美」呢？

她長得真醜：黃瘦的臉，尖尖的下巴，小小的眼睛，又扁又大的鼻子……再看她身上的衣服，一看就是穿了好幾年，顏色早被洗掉了！唉，不用問，我也知道她平時多小氣！總之，她的外表真不符合這麼動聽的名字——祝麗麗。就在老師安排座位的時候，我一直在心裡祈禱——千萬別讓她坐在我隔壁呀！誰知道，怕什麼就會來什麼。當老師口中唸到我們的名字時，我幾乎是拖著沉重步伐走到座位上的！

續寫內容：

進入人物內心

用人物的情緒和想法感動讀者

爸媽吵架　作文成了最佳「調和劑」

說起高斯，天不怕地不怕，就怕爸媽吵架。為什麼呢？因為爸媽一吵起架來什麼也不管，聲音一個比一個大，好嚇人！爸媽都是最疼愛他的親人，吵架多傷和氣，他不願意看到他們互相怒視的場景。

可是，爸媽從來不顧高斯的感受，一言不合就吵得沒完沒了，讓高斯很頭疼。不過，自從上次高斯把作文拿回家給爸媽簽名之後，爸媽就再也沒吵過架。這是怎麼回事呢？這是一篇什麼樣的作文，會讓爸媽改變這麼多呢？

爸爸媽媽，請你們別再吵架了

昨天下午放學後，我剛走進巷子，就看見鄰居張阿姨和王奶奶趴在我家門前，湊在一起正在嘀咕著什麼。看到我回來了，她們交換眼神，各自回家了。

我剛走到家門口，就聽見裡面的「男高音」和「女高音」又在練嗓子了。唉，這次又不知道是為了什麼吵架，我真的有點害怕面對爸媽了……。

開門進去，我發現媽媽披散著頭髮，一副沒睡醒的樣子，正喋喋不休地嚷著：「我看你就是故意的！你知道我昨晚加班多累嗎？你就不能讓我好好睡個覺？」說著說著，還把手裡的枕頭扔到爸爸身上。

爸爸氣得滿臉通紅，頭髮都快立起來了。此時的他繫著圍裙，揮舞著鍋鏟，大聲喝道：「你這個人也太沒良心了吧！我這不是在幫你做飯嗎？做飯有不出聲的嗎？你做一個給我看看！」

「假惺惺！」媽媽大聲地說。

爸爸聽了，氣得把鏟子一扔，跑到陽臺上抽菸去了。

他們忙著生氣，都把我忘了。我默默回到房間，心裡有說不出的委屈。爸爸媽媽，你們什麼時候才能停止吵架呢？你們知道嗎，看到你們互相指責的樣子，我的心都碎了。

我愛媽媽，也愛爸爸，如果你們能夠不再吵架，要我做什麼我都願意。爸爸媽媽，讓我們一家人快快樂樂、幸幸福福地生活吧！

看完這篇作文，高斯的爸媽臉都紅了。他們沒想到，自己的行為給高斯帶來這麼大的傷害。經過反覆溝通，他們決定要約法三章，兩個人都要遵守約定，以後遇到什麼事都要沉著冷靜，不能動不動就吵架！

多多老師分析

文章要如何打動讀者？

想不到平時樂觀開朗，看上去對什麼都不在乎的高斯，還有這麼煩惱的心事呢！看來，多虧他寫的作文，把心裡的話傳達給了爸媽，終於讓他們明白自己的苦心。

這篇作文究竟有什麼特別之處，能發揮這麼大的效果呢？其實，這篇作文就是靠最後的心理描寫來打動讀者的。

在文章結尾的部分，作者發出內心的呼喊，讓讀者看到作者的內心世界，感受到作者無助、難過和失望的心情，這是文章最感人的地方。所以，高斯的爸媽看到這篇作文，才產生這麼大的反應！

由此，我們可以看出，**精采的心理描寫，不僅有助於塑造人物形象，更能夠感染讀者，引起共鳴。**

Tip 反映人物內心的三個技巧

(1) 利用內心獨白，展示人物心裡的想法

內心獨白，就是人物在心裡自己跟自己「說話」。

例如這個句子：

> 我嘴上答應，心裡卻想：「我又不是小孩子了，難道還不會照顧自己嗎？媽媽真是太愛操心了！」

在這個句子中，小作者直接寫出了「我」的內心感受，這就是一種獨白的方式。這種心理描寫方法單刀直入地揭示人物內心想法，展現人物的心靈世界，是一種最常見也最簡單的方法，小朋友們要熟練掌握。

(2) 用夢或幻想表現心理狀態

用描寫「夢」或者「幻想」的方式來描寫心理狀態，大多都是現實生活中還沒有實現，或者很難實現的心願、夢想。例如，有位小朋友寫道：

> 夢裡，我變成一隻鳥，在天空自由自在地飛來飛去。不用練鋼琴，不用去補習班，也不用背著重重的書包上學……

現實生活中，人不可能變成小鳥，所以聰明的小作者才把自己的願望藉由夢境表達出來。小作者希望自己能擺脫現實生活中的束縛和煩惱，像小鳥那樣自由自在地成長——這就是小作者的內心世界。

不過，需要注意的是，**對「夢」或者「幻想」的描寫，並不等於描寫「白日夢」，不能想寫什麼就寫什麼，應該要含有意義**。以上面的例子來說，如果小作者寫夢見自己變成白雪公主，又漂亮又美麗，有很多漂亮衣服，戴不完的珠寶等，這個夢呈現出虛榮和不健康的心態，比較不適合寫入作文當中。

(3) 描寫動作、表情、語言等細節，反映情緒

人物的動作、語言、表情等，不僅能表現出一個人的性格，也能揭示內心世界，反映出心理狀態。

她一手摀著嘴巴，一手摀著肚子，笑得眼淚都流出來了。清脆悅耳的笑聲像鈴鐺一樣，一邊笑一邊指著我說：「你太好笑了！大白天的，睜著眼都能走錯教室，還……還進去找自己的座位呢！哈哈哈，笑死我了！」看著她「幸災樂禍」的樣子，我又尷尬，又委屈，臉都紅了！

例如以上這段文字中，描寫了「我」和「她」的表情、動作、語言等細節，表現出「她」開心快樂的心情和「我」羞愧不堪的心理。

這就是利用人物的動作、表情、語言等細節描寫，來表現人物內心世界的訣竅。

描寫人物內心世界的好方法。

◎利用內心獨白，展示人物心裡的想法。
◎用夢或幻想表現心理狀態。
◎描寫動作、表情、語言等細節，反映情緒。

多多老師考考你

根據下面的場景，猜一猜文中主角內心深處的想法是什麼呢？

「哐啷！」我抱著球，看著滿地的茶具碎片，嚇得說不出話來！心裡害怕極了！這是爸爸最喜歡的一套茶具，現在卻被我摔得粉碎。我的心裡陷入天人交戰……

加入風趣幽默的敘述

讓筆下人物變得活潑可愛

高斯被稱讚了！像相聲般幽默的作文

太陽要從西邊出來了！

這就是高斯聽到徐老師稱讚他之後的第一反應。

看著高斯驚訝得下巴都快掉下來的樣子，徐老師忍不住笑了：「高斯的作文總是有缺點，也總是充當我們的『反面教材』。但是，這並不能否定他的作文中存在的優點：他的作文風趣幽默，很吸引人。每次讀他的作文，我都忍不住笑出來，好像在聽相聲。而且，就因為這些幽默風趣的語言，讓他作文裡人物的個性特色更鮮明，好像就站在我們眼前。同學們聽一聽這幾段文字，猜猜他寫的是誰。」

文字的內容是這樣的：

有一天，我趁他不注意，在他的書包裡塞了一條塑膠做的假蛇。這條假蛇身上涼絲絲、軟綿綿的，做工精緻、樣貌逼真，簡直就是居家、旅行、搞怪、整人的必備道具呀！

放完蛇之後，我就賊頭賊腦地密切注視著他的一舉一動，興奮地等待著被發現的那一刻。他果然沒讓我失望，吃完了手中的爆米花，就把那隻胖胖的小手伸進書包……等他手抽出來的時候，手裡正好握著那條假蛇！

哇哇哇，下面就是見證奇蹟的時刻了！我正期待他嚇得跳起來的時候，他卻只顧著盯黑板，看也不看，就把手裡的東西放進嘴裡——他把我的小蛇當成軟糖了！

「哈哈哈哈……這肯定是高斯又在捉弄英格力了！英格力真的好貪吃啊，連塑膠蛇都吃！哈哈哈……」

「沒想到高斯不僅沒嚇到人家，反而把自己的小蛇都犧牲了！」同學們聽了徐老師聲情並茂的朗讀，一個個笑得趴在桌上！

高斯看著同學們的反應和徐老師讚賞的目光，不禁有些飄飄然了！

KING

多多老師分析

如何讓筆下人物生動有趣？

你們看了高斯寫的作文，覺得好玩嗎？如果你也像多多老師一樣忍不住想笑，那就說明這篇作文真的很有意思呀！

不過，仔細想想，字裡行間還真是高斯的風格——搞笑、風趣，像在說相聲！而作文裡提到的「他」，就是英格力，這一點，利用他能迷糊到把假蛇也送進嘴裡就能看出來了！因為誰都知道，只有英格力的書包裡滿是零食，也只有他，才會看也不看就往嘴裡塞東西！

我們笑也笑過了，現在是不是應該靜下心來，仔細想一想，為什麼這篇文章這麼有趣呢？相信聰明的小朋友都看出來了，因為這篇作文的用詞非常風趣幽默，把人物描寫得生動可愛、個性鮮明，所以我們這些「觀眾」才看得津津有味啊！

看來，要想讓自己的作文更吸引人，就要學著讓自己的用字遣詞更有「幽默感」，你們說對嗎？

Tip 展現幽默的方法

(1) 善用修辭，製造幽默

恰當的修辭手法可使事物生動、具體，增加幽默感，能讓文中的人物給人留下鮮明深刻的印象。

目前最容易用到的就是譬喻和誇飾，如果想讓自己的作文生動起來，就要熟練運用這兩種修辭手法。例如，有位小朋友這樣寫：

> 你別看他這麼大塊頭，身體壯的跟牛一樣，他的膽子卻很小，簡直就像一顆小小的核桃那麼大！平時要是比較晚放學，天色稍微暗點，他就邁不動步伐了！上次我從後面拍了他的肩膀一下，他嚇得跳起來，都快把地震塌了！

小作者簡單三言兩語，就把一個活生生的「膽小鬼」形象展現出來！文中寫他的身體壯如牛，膽子卻只有「核桃」那麼大，一跳起來地都快塌陷了。這就是連續使用誇飾法的效果，增強了文字的幽默感，更凸顯人物的個性特點。

(2) 注意分寸，不能只求幽默而過分誇飾

很多小朋友容易出現這樣的缺點：怎麼好玩就怎麼寫，以為寫得愈過分，用詞愈幽默，讀者愈喜歡。這種想法是大錯特錯的，因為寫作文應該要掌握分寸，符合生活實際。否則，幽默就變成「油嘴滑舌」，反而會令讀者看笑話。例如，有位小朋友曾經寫：

> 媽媽氣急了，眼睛瞪得像牛眼那麼大；鼻孔像兩個山洞，喘著粗氣；額頭上直冒青筋，好像一條條大蚯蚓！

這段文字的用詞確實很幽默，但是卻沒注意分寸，用了一些包含貶義的句子來形容媽媽，把媽媽刻劃成牛魔王了！這樣的寫法只會讓讀者難以認同，而不會讓人覺得幽默。

他的身體壯如牛，

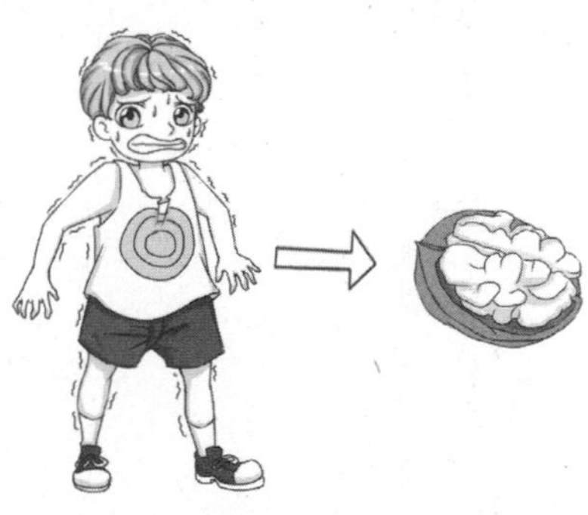

膽子卻只有核桃那麼大！

自己改出好作文

寫完重新檢查一遍，為自己加分

錯誤百出 **自己看了都不好意思**

徐老師評價高斯最近的作文：「作文裡那麼多明顯的錯誤，您真是一點也沒變呀，仍然那麼不拘小節嗎？」

高斯對這個評語不怎麼服氣。既然不服氣，我們就拿事實來說話，讓高斯自己讀一讀自己的「傑作」吧！

> **一件難忘的事**
>
> 我的記憶是一個美麗的木箱，打開它，裡面放著許多真（錯別字）珠。每一顆真（錯別字）珠就是我的一件童年往事。其中，最大最亮的一顆真（錯別字）珠，就是那件事。

小時候，放暑假之後去鄉下奶奶家度過暑假。奶奶家有一隻小狗，叫小灰。這隻小狗灰灰的，一點都不可愛。家裡沒人喜歡牠，我也很討厭牠，奶奶很喜歡牠，每天都餵牠，偶爾有時還給牠吃肉。

有一天，我在院子裡踢球，不小心把爺爺最疼愛的美人蕉撞凹了。我看四下無人，就與高采烈地把球拿進屋子ㄊㄤˊ了起來，還裝作不知道的樣子。

晚上爺爺回來，問起美人蕉的事，問我們誰做的。我理直氣撞報告：「是小灰做的！我親眼看見牠撞爛的！」爺爺一聽，氣得跳腳，跟猴子一樣，鬍子都豎起來了！他拿了一根棍子，走到小灰窩前，很很地向小灰打過去。小灰一動也不動，發出嗚咽的聲音。

重複

前後矛盾

「偶爾」和「有時」重複

用詞不當

用詞不當

不會的字應該查字典

錯別字

譬喻不當

錯別字

不符合實際

後來，奶奶勸爺爺不要再打了，爺爺才罷手。這時，小灰好像嚇得只剩一口氣了，牠可憐巴巴地看著我，好像在跟我說：「小主人，我就要走了，你要為了我好好讀書呀！我的在天之靈也會保佑你每次都考一百分！」

不符合實際

事情過去很多年了，每當我回想起來，仍然印象深刻。我覺得，這是那些真珠中最大最璀璨的一顆！

錯別字

總結不當，主題不明

其實，高斯自己讀起來，也發現的確有很多錯誤。

總之，這篇作文寫得亂七八糟、破綻百出，高斯自己都不好意思了。

這時，徐老師語重心長地對高斯說：「作文寫完不能丟在一邊不管，而是應該自己再回顧檢查一遍。至少要把那些顯而易見的錯誤改過來，比如錯別字、不會寫的字、不通順的病句。更重要的是，千萬不能總結不當，使得主題模糊，這是最嚴重的問題。**修改作文的過程，比創作更重要。因為好作文不是寫出來的，是改出來的。**」

聽了徐老師的話，高斯羞愧地低下頭，喃喃地說：「徐老師，我知道了，下次我一定要先學會自己檢查、修改作文。」

多多老師分析

寫完還不算完成嗎？

學會修改自己的作文，不僅能鍛鍊語言運用能力，讓語句愈來愈通順；更能夠培養語感，加強作文技巧的熟練程度。這些都是寫好作文的必要過程。

其實，只要仔細檢查一遍，就能把很多明顯的錯誤找出來。比如高斯的這篇作文，他自己就能修改得很好：

一件難忘的事

我的記憶中，有一件事埋藏在我心底，讓我愧疚，讓我後悔，就是那件事。

小時候，我去鄉下奶奶家度過暑假。奶奶家有一隻小狗，這隻小狗長得灰灰的，一點都不可愛。家裡沒人喜歡牠，我也很討厭牠。

有一天，我在院子裡踢球，不小心把爺爺最喜愛的美人蕉撞凹了。我看四下無人，就偷偷地把球拿進屋子藏起來，還裝作不知道的樣子。

晚上爺爺回來，問起美人蕉的事，我理直氣壯地報告：「是小灰做的！我親眼看見牠撞爛！」爺爺一聽，氣得跳腳！他拿了一根棍子，走到小灰窩前，狠狠地向小灰打過去。小灰嚇得躲來躲去，但還是被打了好幾下。

奶奶勸爺爺不要再打了，爺爺才罷手。這時，小灰害怕得只剩一口氣。牠可憐巴巴地看著我，好像在跟我說：「小主人，我做錯了什麼？你為什麼要冤枉我呢？」

看著牠哀怨的眼神，我心底非常不安，非常愧疚，甚至不敢再去看牠的眼睛。

事情過去很多年了，小灰如今也已經永遠離開了我們。每當我回想起來，我的眼淚都會忍不住流下來。親愛的小灰，你在天堂過得還好嗎？對不起，我當時不該冤枉你。但是現在說什麼也沒用了，小灰絕望的眼神永遠印在我的腦海裡。

修改之後的作文，文字順暢、感情真摯，令讀者情不自禁地為小灰感到傷心，也讓讀者體會到小作者難以忘懷的愧疚和痛苦，與先前的作文完成度截然不同。這就是自己檢查、修改作文的好處。

Tip 簡單三步驟，自己改出好作文

(1) 一字一字看，找出錯別字、錯誤標點符號

修改錯別字和標點符號是最基本的要求。小朋友們想一想，如果你看到一篇作文，滿篇錯別字和錯誤的標點符號，即使內容寫得再好，恐怕都很難有興趣再看下去。

因此，修改作文的第一步，就是把那些不小心寫錯的，或者不會寫的字，以及明顯誤用的標點符號改過來。

(2) 一句一句讀，找出不夠簡練、不順暢的病句

將句子唸出來看看，如果讀到不順暢、拗口的地方，表示句子可能有問題，應該反覆修改，直到讀起來通順為止。

◎一字一字看，把錯別字、誤用的標點符號改正。
◎一句一句讀，修改不通順的病句。
◎最後，檢查內容與主題是否相互呼應。

(3) 檢查內容是否呼應主題

離題是最不能犯的錯誤。因為主題是文章的靈魂和價值所在，如果沒有一個恰當、明確的主題，即使文句再優美、選材再新穎，也會失去意義。

而要判斷文章主題是否恰當、明確，就要仔細讀文章，看看內容與主題之間是不是可以相互對應。**如果發現所寫的事情無法凸顯主題，或者與主題相差萬里，就要修改內容或者根據內容另定主題。**

多多老師考考你

親愛的小朋友，以下這段文字是一位寫作文態度馬馬虎虎的小朋友寫的，出現很多錯誤，請你幫他改正。

＊提示：修改時要細心揣摩字句，檢查標點符號、病句。

體育課開始了。第一個任務是熱身！繞操場跑五圈。聽到老師的話，同學們像一隻隻脫韁的野狗奔了出去。跑了還不到三圈的時候，有的同學就堅持不了。像屍體一樣躺在草坪上。我因病故，只能待在一邊觀看，心裡不用說有多著急了！後來，老師終於讓大家停下來休息。大家躺在地上，好像一條條綠色的毛毛蟲。有一位同學的帽子滾在地上，露出他的大光頭，好像少林寺裡的禿頭大叔一樣……

**解答請參見p.285

擬定新穎別致的篇名

好篇名讓你贏在起跑點

一件難忘的事 作文也有「菜市場名」？

昨天晚上，媽媽幫高斯整理書桌，就在整理作文簿的時候，發現了「新大陸」，讓媽媽好興奮！她把作文簿拿給爸爸看，害爸爸喝茶喝到一半，剩下的全都噴了出來！到底是什麼事情，讓爸媽反應如此大呢？

原來，爸媽在高斯的作文中歸納出一條規律：凡是記敘文，篇名一致都是〈一件難忘的事〉，總共一百多篇作文，幾乎全是「難忘的事」。看不出來，高斯小小的腦袋瓜裡，難忘的事還真不少！

爸媽故意逗高斯：「寫作文就寫〈一件難忘的事〉，我要是老師，光看到你的作文題目就皺眉頭了。」

雖然爸媽只是一句玩笑話，但是高斯當真了：「喔……怪不得徐老師每次都批評我的作文不好，大概就是這個原因。她都沒仔細看我的作文，自然體會不到深刻的內涵了！不行，我要去找她理論！」

爸媽一聽，笑得更大聲了！爸爸只得好心地安撫他：

「這怎麼能怪徐老師呢？老師每次批評你，不都是有理由的嗎？我和媽媽之所以笑你，是因為你這個篇名太『俗』了。

「照理說，所有小朋友寫的每一件事都是『難忘』的，無論是後悔、開心、傷心，還是感動的事等等。但是，如果大家都把篇名命名為〈一件難忘的事〉，那這些作文還有什麼區別和特色呢？

「讀者看第一篇，也許覺得好看；第二篇，也許覺得有趣；看到第三篇、第四篇、第五篇……最後只會愈看愈厭煩。就好像你看動畫一樣，如果所有動畫都是同一個名字，你看完第一個，還想看其他的嗎？」

高斯聽了爸媽的話，這才冷靜下來。此時他不想去找徐老師「對質」了，而是在認真思考：該怎麼擬定篇名，才能讓自己的作文脫穎而出呢？

多多老師分析

篇名有多重要？

看了高斯的作文，多多老師有一個想法：我們可以把所有的記敘文分門別類，將篇名擬定為：〈一件難忘的事〉、〈一件高興的事〉、〈一件傷心的事〉、〈一件難過的事〉、〈一件令人感動的事〉……。

這樣一來，小朋友以後寫作文，就不用費盡心思自己擬定篇名了，直接按類別命名篇名，豈不是一個省時省力的好辦法嗎？

小朋友覺得多多老師的辦法怎麼樣？相信會有聰明的小朋友撇撇嘴角說：「大家的篇名都一樣，沒有自己的特色，有什麼好？」

如果小朋友會這麼想，就明白擬定一個新穎別致、別具特色的篇名是多麼重要了。篇名擬得好，是一篇好作文的開端，能增添不少光彩，讓讀者留下新鮮有趣的印象。這樣一來，才能吸引別人繼續讀下去。

這就像兩盤相同味道的菜肴，一個看上去色彩鮮亮，一個看上去黯淡烏黑。不用想，我們就知道，人們只會對著那盤看上去很漂亮的菜肴垂涎欲滴。同樣的道理，**讀者看到作文的第一眼，就是篇名。如果篇名不精采，讀者便不會對內容有多大興趣。**

Tip 擬定精采篇名的三個方法

(1) 用與人物有關的話語，讓讀者預先了解人物

用文章裡人物的話語當篇名，好處是可以讓讀者「未見其人，先聞其聲」。這樣一來，

讀者就能利用篇名，預先了解人物的特徵。

例如，有很多優秀的作文，題目是這樣擬的：〈我要當勇者〉、〈我為你驕傲〉、〈我不能不守信〉、〈媽媽，我錯了〉、〈我要堅強地站起來〉……透過這些篇名，我們不僅可以看出主角的性格特色，還能大致了解文章的主旨，便於讀者在第一時間理解全文。

所以，善用這些能夠表現人物特點並揭示主題的話語，有助於擬定令人耳目一新的篇名。

(2) 用物品設置懸念，可運用於各類文章

如果是描寫物品的作文，肯定要以物品作為篇名，比如寫書桌、筆筒、盆栽等等。可是，如果是人物描寫、記事敘述的作文，也能用物品來擬定篇名嗎？多多老師的答案是肯定的。

在優秀的人物描寫、記事敘述的作文中，很多小朋友也善於運用與文章有關的物品當作篇名，例如：〈一架小木船〉、〈一個蘋果〉、〈一枝鋼筆〉、〈一塊木雕〉等等。這些小物品是文章的線索，文中的故事就是圍繞著這些小物品展開，讀者乍見這樣的篇名，就會忍不住去尋找物品背後的故事。因此，用這些物品作為篇名，新穎別致，既設置了懸念，又吸引讀者的興趣。

(3) 運用譬喻法和擬人法，讓篇名更有韻味

我們常用的譬喻法和擬人法也可以用來為篇名命名，這兩種修辭手法，能具體生動地表現事物的特點，也能給人新鮮感和趣味性。例如：〈幸福像花朵一樣〉、〈倔強的小草〉、〈媽媽像燭火〉、〈大自然不再哭泣〉等等。

這些篇名運用譬喻法或擬人法，將抽象的「幸福」、「母愛」轉為具體，將不會說話的「小草」、「大自然」轉為動態，不僅新穎別致、生動有趣，而且含有深長的韻味。

多多老師考考你

親愛的小朋友，根據下列作文題目的要求，你會怎麼擬定篇名呢？

＊題目主旨：生活中，我們一天天在長大，懂得孝敬父母，懂得了珍惜幸福……請你寫出成長過程中學到的某一種生活道理。

＊寫作要求：

❶請寫一件表現人與人之間真誠關心、互相幫助的事情。

❷內容具體，條理清楚，語句通順。

❸篇名自擬，文章字數四百字以上。

延伸閱讀 一起來觀摩精采好句

描寫人物心理

❶這些事像揣在我懷裡的石頭，沉甸甸的。

❷我的懷裡像揣著一隻小兔，怦怦地跳個不停。

❸「怎麼辦？怎麼辦？」我心裡很焦急，手變得愈來愈冷。我不停搓著手，考慮著要不要翻抽屜裡的字典。「翻吧翻吧，沒關係。」我假裝不在意地瞄了瞄四周的考生，覺得沒人注意自己，僵硬的手開始向抽屜裡伸。不行！雖然這只是一場小測驗，但作弊不是光明磊落的做法。額頭上的汗不自覺地流出，我的心裡有說不出的滋味，翻山倒海，很受煎熬。

描寫人物表情

❶爸爸同意了她的要求，她頓時心花怒放，喜悅像小鳥一樣飛上眉梢，兩隻眼睛彎彎的，變成了兩個小月牙。

❷這個喜訊使他的眼睛裡有了神采，額頭和嘴角兩旁深深的皺紋也蓄滿了笑意，連一舉手、一投足都漸漸帶上輕快的節奏。

❸他心裡像灌了一瓶蜜，嘴角含笑，連那四四方方的臉上都隱約泛著紅光。

描寫人物動作

❶我弓著腰，抿著嘴，瞪大眼睛，一步一步，躡手躡腳，悄無聲息地朝著那隻停在狗尾巴上的蜻蜓走去。近了，近了，我的心跳開始加快，手臂也有些抖動。我屏住氣，目不轉睛地盯著那愈來愈近的「獵物」，慢慢地靠過去。突然，我朝牠撲去，在瞄準牠的一剎那間，我的右手馬上接近，將張開的手指飛快一合，這隻蜻蜓就穩穩當當地落在我的手中。

❷婆婆天天都在一針一線地縫著一雙棉鞋。她戴著老花鏡，右手捏著針，左手牽麻繩，費勁地縫合厚厚的鞋底。雖然家裡門窗關得嚴密，我還是覺得冷極了，手放在口袋裡，不願拿出來。婆婆卻仍一針一線地仔細縫著，她縫幾針搓搓手，把手放在嘴邊呵氣，暖和了手指又接著縫。

吸引人的開頭

❶我，一個貪吃懶惰的孩子，順理成章地長成了一副豬八戒的模樣。日趨膨脹的肥臉，把本來就不大的眼睛擠得愈來愈小了，每次都要費勁睜開眼睛，才能看清這美好可愛的世界。

❷我的外公六十來歲，中等身材，瘦瘦的臉龐，高高的鼻梁，兩鬢雖見斑白，但看上去很有精神。他的臉上總是帶著溫暖的笑容，我和表弟喜歡跟他玩，他也喜歡逗我們。我幫他取了個外號──「老頑童」。說起這個「老頑童」，頑皮的事還真不少呢！

❸傍晚，天忽然變得陰沉沉的。霎時間，狂風呼嘯，黃沙伴著垃圾瀰漫整個天空。每個候車亭裡都站了許多候車人，我躲在站牌後面，有些害怕。不知道媽媽此刻是不是在找我呢？我惹她生了那麼大的氣，還偷偷跑出來，媽媽肯定討厭我、不要我了！想到這裡，我不禁「嗚嗚」地哭了起來。

有力的結尾

❶這就是我的老師，一個無私奉獻的人。難道她沒有親人兒女嗎？難道她就不知道辛苦勞累嗎？難道她就不需要享受安逸生活嗎？不，她都懂，都知道。然而，她把教書育人作為自己的第一生命，把無私奉獻當做最大的快樂。這樣的老師，我們怎能

不熱愛、不敬佩呢？

❷我走在鄉間小路，踏上那一片熟悉的土地，輕風撫摸著我，柳枝拍打著我。看著那連綿起伏的山脈，芳草爭豔，我已捕捉了一份永恆。只要有春天的地方就有希望。

❸如今，她如願以償，辛勤的汗水澆灌出甜美的果實。但女孩怎麼也不會忘記上次流出的淚，那麼苦、那麼澀……她知道，激勵她的就是這份難咽的苦澀。

附錄 試題解答

第1章 人物描寫篇

招式4 p.44

❶ C

❷ B

招式7 p.65

❶ 熱心助人、醫德高尚

❷ 勤勞耐心、默默奉獻

招式8 p.71

B

招式10 p.87-88

❶ 跑；爬；蹲；移動；靠；探

❷ 我緊張地坐在座位上，兩隻手緊緊地握著鋼筆，心想：「老師，拜託您，千萬別點我的名字呀！」手心裡不停地冒著汗，連心跳的聲音似乎也聽得見。我用祈求的目光看著老師，惟恐從他的嘴裡說出我的名字。

招式12 p.102-103

❶ 老奶奶看著小孫女吃得香噴噴的，一股幸福感油然而生。她咧開了只剩門牙的嘴，無聲地笑著。眼角的魚尾紋彎彎的，好像也在替老奶奶高興呢！

❷ 小紅看著考卷上鮮紅的一百分，高興地快要飛起來了！她的眼睛彎成了小月牙，摀著小嘴小聲地笑著，小臉都漲紅了！

❸ 「謝謝你啊，醫生！我媽的病總算治好了！」一個大叔拍著醫生的肩膀，爽朗地笑著。他張著大嘴，露出一口潔白的牙齒，發出豪邁的笑聲。整間病房都快被他震塌了！

招式13 p.110

眉毛糾結成一團，把自己借的書全都扔了出去，嘴裡不停喊著：「爸爸一定要買故事書給我……」眼淚還不停地流著，兩隻手一直抓著爸爸的衣角搖啊搖。她的腳也不停地跺著，似乎這個世界已經與她無關，不管發生什麼事，她也不理，好像此時此刻整個世界只有她自己。

第2章 記事敘述篇

重點1 p.121

不合理。第一，這麼大的小朋友，根本不會自己修理自行車；第二，「我」把自己的氣嘴拔下來，安在好朋友的車上，那「我」的自行車也會漏氣，不可能騎到公園。第三，好朋友的車只是換了氣嘴，沒有充氣也沒有辦法騎。

重點4 p.145-146

我一向都膽小如鼠，就連白天，也不敢一個人待在家裡，所以我一直都想找個機會來訓練一下自己的膽子。

重點5 p.153

聽了你的話，我的臉都紅了，心裡鄙棄著自己的自私和冷漠。是啊，如果人人都能像你這樣樂於助人，那這個世界將變得多麼美好啊！我在心裡暗暗下定決心，以後也要像你那樣，毫不吝嗇地去幫助別人！

重點6 p.161

愛我的爸爸

第3章 景物描寫篇

招式1 p.187

涼風習習的夜裡，我和媽媽來到護城河邊散步。今天的月亮又圓又大，像一個白色的大玉盤。晴朗的天空中只能看到幾顆星星，躲在遠離月亮的角落裡，好像偷偷觀望的仰慕者。遠處的河面上，閃著點點燈光，好像撒滿了金子。水邊的荒草中，傳來蟋蟀彈琴的聲音。路邊的大樹葉子都黃了，秋風吹來，一片片旋轉落下……。

招式2 p.194

天色還有些昏暗，只見漆黑的天空中閃耀著明亮的星星。過了一會兒，整個漆黑的夜空開始出現一片白光，很美很美。漸漸地，星星愈來愈少，原本最亮的那顆星也不見了。突然，東方出現一片淡紅色。接著，紅色愈來愈深。此時，太陽就像一個害羞的女孩偷偷探出紅通通的臉。周圍的雲彩更紅了，紅得耀眼，使人覺得新的一天是那麼火紅，充滿朝氣。不知不覺，太陽變得像個調皮的孩子，一下子就升了很高很高，把大地照得紅亮。

招式3 p.202

一條小溪從我們村裡流過。溪水是那麼清澈、明淨，水裡的小魚無憂無慮地游來游去。小溪的一邊是果園：春天，花香瀰漫；秋天，碩果纍纍。小溪的另一邊是田野，如今沉甸甸的麥穗，正點著頭報告豐收的喜訊。田野的盡頭，連綿起伏的山峰猶如大海裡起伏的波濤，山腰的公路，則像一條銀灰色的絲帶飄向遠方。

招式4 p.209

來到海邊，我看見一地的沙灘。燦爛的陽光照射在沙上，像披上一地的金子。沙灘上有許許多多撿不完的貝殼，形態各異：有的像五角星，閃閃發光；有的像小海螺，訴說著大海的故事；有的像小扇子，搧來大海的清風……沙灘上還有許多大大小小的螃蟹窩。在這些小窩的旁邊，還可以見到很多小螃蟹。牠們有的懶洋洋地晒太陽；有的揮舞著大鉗子；有的一會兒鑽進沙裡，一會兒跳出來，好像在和我們玩捉迷藏！

遠處的海面上，海鷗唱著清脆的歌，一路翱翔著衝向海灘，飛濺起晶瑩剔透的浪花。幾艘漁船緩緩駛來，好像在召喚著鳥兒們回家。

招式5 p.217

❶小鳥像小小的舞蹈家，站在枝頭上跳著歡快的舞步。

❷天上的星星一閃一閃的，好像一隻隻可愛的螢火蟲。

❸一顆顆晶瑩的水珠在荷葉上滾動著，好像一個個胖娃娃。

❹窗外，微風吹動著翠竹，竹葉沙沙地響著，講述著美麗的故事。

❺紛紛揚揚的雪花從天空中飄落下來，好像漫天飛舞的柳絮。

招式7 p.230-231

〈灑滿月光的小河〉

月光把半邊天都照亮了，只有在遠遠的天空中才看得見一兩顆星星，閃著淡淡的光，正慢慢隱去。奔騰了一天的小河平息了，靜靜地流著。一輪圓月倒映在水面上，晚風一吹，波光粼粼。啊！河上亮了，整個寬闊的河面就像一面明鏡，也像一條綴滿寶石的長綢帶。地上亮了，一眼望去白茫茫一片，真像鋪了一層霜。

第4章　加分技法篇

技巧5 p.270-271

體育課開始了。第一個任務是熱身，繞操場跑五圈。聽到老師的話，同學們像一匹匹脫韁野馬奔了出去！但是跑了還不到三圈的時候，有的同學就堅持不下去，像洩了氣的皮球一樣躺在草坪上。我因為生病的緣故，只能待在一邊觀看，心裡不用說有多著急了！後來，老師終於讓大家停下來休息。大家躺在地上，好像一個個綠色的標點符號！有一位同學的帽子掉在地上，露出他的大光頭，好像少林寺裡的小和尚一樣……

小野人 27

小學生作文我不怕！

100分必讀．Q版神攻略
No.1學霸李小白嗆辣指導，高斯&英格力終於開竅了

作　　者　樂多多

野人文化股份有限公司
社　　長　張瑩瑩
總 編 輯　蔡麗真
主　　編　陳瑾璇
責任編輯　李怡庭
協力編輯　溫智儀
專業校對　林昌榮
行銷企劃　林麗紅
封面設計　周家瑤
內頁排版　洪素貞

出　　版　野人文化股份有限公司
發　　行　遠足文化事業股份有限公司（讀書共和國出版集團）
地址：231新北市新店區民權路108-2號9樓
電話：（02）2218-1417　傳真：（02）8667-1065
電子信箱：service@bookrep.com.tw
網址：www.bookrep.com.tw
郵撥帳號：19504465遠足文化事業股份有限公司
客服專線：0800-221-029
法律顧問　華洋法律事務所　蘇文生律師
印　　製　成陽印刷股份有限公司
初　　版　2020年06月
初版5刷　2023年07月

有著作權　侵害必究
特別聲明：有關本書中的言論內容，不代表本公司/出版集團之立場與意見，
文責由作者自行承擔
歡迎團體訂購，另有優惠，請洽業務部（02）22181417分機1124

國家圖書館出版品預行編目資料

小學生作文我不怕 !(100 分必讀 .Q 版神攻略) : No.1 學霸李小白嗆辣指導 , 高斯 & 英格力終於開竅了 / 樂多多作 . -- 初版 . -- 新北市 : 野人文化出版 : 遠足文化發行 , 2020.06
面 ;　公分 . -- (小野人 ; 27)
ISBN 978-986-384-435-8(平裝)

1. 漢語教學 2. 作文 3. 小學教學

523.313　　109005839

本著作物由朝華出版社授權北京閱享國際文化傳媒有限公司代理，同意由野人文化股份有限公司出版中文繁體字版本。非經書面同意，不得以任何形式任意重製、轉載。

野人文化
官方網頁

野人文化
讀者回函

小學生作文我不怕！

線上讀者回函專用 QR CODE，你的寶貴意見，將是我們進步的最大動力。

野人文化
讀者回函卡

書名

姓名　　　　　　　　　☐女 ☐男　年齡

地址

電話　　　　　　　　　手機

Email

☐同意 ☐不同意　收到野人文化新書電子報

學歷 ☐國中(含以下) ☐高中職 ☐大專 ☐研究所以上
職業 ☐生產/製造 ☐金融/商業 ☐傳播/廣告 ☐軍警/公務員
☐教育/文化 ☐旅遊/運輸 ☐醫療/保健 ☐仲介/服務
☐學生 ☐自由/家管 ☐其他

◆你從何處知道此書？
☐書店：名稱 ______ ☐網路：名稱 ______
☐量販店：名稱 ______ ☐其他 ______

◆你以何種方式購買本書？
☐誠品書店 ☐誠品網路書店 ☐金石堂書店 ☐金石堂網路書店
☐博客來網路書店 ☐其他 ______

◆你的閱讀習慣：
☐親子教養 ☐文學 ☐翻譯小說 ☐日文小說 ☐華文小說 ☐藝術設計
☐人文社科 ☐自然科學 ☐商業理財 ☐宗教哲學 ☐心理勵志
☐休閒生活（旅遊、瘦身、美容、園藝等） ☐手工藝／DIY ☐飲食／食譜
☐健康養生 ☐兩性 ☐圖文書／漫畫 ☐其他 ______

◆你對本書的評價：（請填代號，1. 非常滿意 2. 滿意 3. 尚可 4. 待改進）
書名 ____ 封面設計 ____ 版面編排 ____ 印刷 ____ 內容 ____
整體評價 ____

◆你對本書的建議：

野人文化部落格 http://yeren.pixnet.net/blog
野人文化粉絲專頁 http://www.facebook.com/yerenpublish

廣　告　回　函
板橋郵政管理局登記證
板 橋 廣 字 第 143 號

郵資已付　免貼郵票

23141
新北市新店區民權路108-2號9樓
野人文化股份有限公司 收

請沿線撕下對折寄回